Hermann Oesterley

Der Gottesdienst der englischen und der deutschen Kirche

Vergleiche und Vorschläge

Hermann Oesterley

Der Gottesdienst der englischen und der deutschen Kirche
Vergleiche und Vorschläge

ISBN/EAN: 9783743663534

Hergestellt in Europa, USA, Kanada, Australien, Japan

Cover: Foto ©Lupo / pixelio.de

Weitere Bücher finden Sie auf **www.hansebooks.com**

Der

Gottesdienst

der

englischen und der deutschen Kirche.

Vergleiche und Vorschläge

von

Dr. Hermann Oesterley.

Göttingen
Vandenhoeck & Ruprecht's Verlag.
1863.

Seinem theuren Onkel

Carl Oesterley

widmet diese erste Frucht seiner Beobachtungen und Studien
in England

in dankbarer inniger Liebe

der Verfasser.

Inhalt.

Einleitung. 1
I. Allgemeines.
   Die Liturgie. 10
      Ihre Nothwendigkeit und Wirksamkeit 11
      Ihr katholisirender Einfluss 13
      Ihre Beförderung des Lippendienstes 15
   Das Prayer-Book 21
      Das Gottesdienstbüchlein 22
   Die Mitthätigkeit der Gemeinde. 25
      Regsamkeit und Lebendigkeit 28
      Kirchlicher Anstand. 29
      Geschmack und Comfort 31
      Kirchendiener. 32
II. Liturgisches.
   Die verschiedenen Formen des Gottesdienstes. . 34
      Mannigfaltigkeit der Gestaltung 36
      Anzahl der Feiern 37
   Die liturgische Anordnung 40
      Reichliche Verwendung des Schriftwortes 41
   Das Kirchenjahr 42
      Liturgische Ausprägung der Zeiten und Feste 46
      Die Puseyiten 47
   Die liturgische Ausführung 48
      Zusammensprechen 49
      Responsorisches Sprechen. 53
      Verwendung dieser Formen in Deutschland 54

III. Musikalisches.

Die Verwendung der gottesdienstlichen Musik	57
Low-church und high-church Partei	59
Die musikalische Ausführung	60
Gottesdienstliche Musik in Deutschland u. England	63
Das Piano	66
Die Gliederung des gottesdienstlichen Gesanges	71
Der Altargesang	—
Der Gemeindegesang	72
a. Psalmen	—
b. Hymnen	74
Der Chorgesang	79
a. In der low-church Partei	—
b. In der high-church Partei	81

IV. Symbolisches.

Die Verwendung der gottesdienstlichen Symbole	85
Die gottesdienstlichen Stätten	87
Das Lesepult	—
Die Kniepolster	88
Die gottesdienstlichen Geräthe	89
Die Kleidung des Geistlichen	—
Die gottesdienstlichen Handlungen	90
Des Geistlichen	91
Der Gemeinde	93
Knieen	94
Beten mit gefaltenen Händen	100
Stehen	101
Sitzen	102
Uebersicht der symbolischen Ausgestaltung	—
Schluss	103

Einleitung.

Es wird von den verschiedensten Seiten anerkannt, und ist bereits bei mannigfachen Gelegenheiten auf das Dringendste hervorgehoben, dass unsere deutsche evangelische Kirche in ihren Bestrebungen für eine Umgestaltung und Ausgestaltung ihres Gottesdienstes nicht allein von der Mutterkirche, der apostolischen, altkatholischen und römischen, sondern eben so wohl von ihrer Schwesterkirche, der reformirten, Vieles sich zum Muster nehmen und sich zueignen könne, dass der Erfolg dieser Bestrebungen durch solches Lernen und Aneignen — das freilich stets aus einer wirklichen Assimilation, nicht aus einer blossen Nachahmung oder äusserlichen Transfusion hervorgehen sollte — wesentlich gefördert und gehoben werden, und dass dadurch die beabsichtigte Ausgestaltung auf theoretischem wie auf praktischem Gebiete, in der liturgischen, wie in der musikalischen und symbolischen Seite der gottesdienstlichen Feier wesentlich erweitert und bereichert werden müsse.

Und in der That, es entspricht nicht allein der Vielseitigkeit und Allseitigkeit des deutschen Wesens, in einer so wichtigen Angelegenheit die Geschichte der eignen, wie der Mutterkirche zu Rathe zu ziehen, und sowohl von der Gegenwart, wie von der Vergangenheit dieser und aller verwandten Kirchen zu lernen, sondern es entspricht auch dem Wesen der evangelischen Kirche, die Alles prüfen und das Beste behalten soll, die ihren Zusammenhang mit der

gesammten christlichen Kirche festhält und hochhält, und
die das Band des mütterlichen und geschwisterlichen Verhältnisses
nur dadurch ausprägen und ehren kann, dass
sie alles Gute, Wahre und Schöne der Uebrigen in sich
aufnimmt, es ihnen überlassend, auch ihrerseits das Gleiche
zu thun, und so die Glieder des Einen Leibes in Liebe und
Verehrung zu verbinden, statt einander in Hass und Missachtung
zu entfremden: sondern es entspricht auch dem
Verfahren der Reformation selbst, die sich von Mutter und
Schwester aneignete, was sie des Aneignens werth hielt,
und das Gute nahm, wo sie es eben fand, ja, es entspricht
so sehr dem Verfahren unserer und aller Zeiten in öffentlichen
und privaten Verhältnissen, in Staat und Kirche, in
Gemeinde und Corporation, im Leben der Gesammtheit
wie im Leben des Einzelnen, Gutes und Nützliches zu lernen
und sich anzueignen, dass es gewiss keiner Empfehlung
und Rechtfertigung desselben auf dem gottesdienstlichen
Gebiete unserer Kirche bedürfte, wenn wir nicht so
oft mit den Vorurtheilen und Missverständnissen zu kämpfen
hätten, die in gedankenloser Furcht fremde und namentlich
katholische Sitten und Gebräuche ohne Weiteres
mit fremden und namentlich katholischen Unsitten und
Missbräuchen verwechseln.

In Sachen des Gottesdienstes ist es nun besonders die
Kirche von England, die englisch-bischöfliche Kirche, von
der wir lernen, deren Erlebnisse und Erfahrungen, deren
Sitten und Gebräuche wir bei der Wiederbelebung und
Fortbildung unseres eignen gottesdienstlichen Lebens verwerthen
können. Die Engländer sind in Ursprung, Sprache
und Sitte uns verwandt, stehen in Bildung, in Wissenschaft
und Kunst weniger hinter uns zurück, als die übrigen Völker
Europa's, und sind in anderen Beziehungen, in Handel
und Verkehr, in der Ordnung ihrer socialen und öffentlichen
Verhältnisse und in ihrer Stellung unter den Mächten
unseres Welttheils mehr oder weniger vor uns voraus,

namentlich aber sind sie, wie wir, ein protestantisches Volk, das mit Liebe und Treue an seinem Glauben und seinem Bekenntnisse hängt, das zum mindesten in einem eben so schroffen Gegensatze zum Katholicismus sich befindet, wie wir, und das uns um so näher steht, als es, wenn schon dem Bekenntnisse nach der reformirten Kirche angehörig, doch in Sachen der Kirchenverfassung, und, was uns hier namentlich angeht, in Sachen der gottesdienstlichen Sitten und Gebräuche den Zusammenhang mit der römischen und der alten Kirche in derselben Liebe bewahrt und pflegt, wie wir selbst.

Dem Beispiele eines so nahe verwandten und so streng protestantischen Volkes gegenüber wird man in Deutschland auf der einen Seite weniger hinter die Vorurtheile gegen fremdes und katholisches Wesen sich verschanzen können, man wird einer Hinweisung auf die reichen Segnungen, die der Besitz einer selbst ungenügenden Liturgie dem englischen Volke in gottesdienstlicher, kirchlicher, socialer und staatlicher Beziehung gebracht hat, Ohren und Augen nicht verschliessen können, und wird damit den Bestrebungen, auch die deutsche Kirche und das deutsche Volk dieser Segnungen theilhaftig zu machen, mit Eifer und Liebe entgegenkommen, statt ihnen, wie es bis jetzt nur zu häufig geschehen ist, blinde und sinnlose Vorurtheile entgegen zu setzen; auf der anderen Seite aber werden diese Bestrebungen selbst in dem Vorgange der englischen Kirche, namentlich in Beziehung auf die Ausführung der gottesdienstlichen Stücke, Vieles finden, was den Erfolg derselben wesentlich zu fördern und zu erhöhen, was die Ausbildung und Ausführung einer geordneten Liturgie in der deutschen Kirche um ein Bedeutendes zu vervollkommnen und zu erleichtern im Stande ist.

In einigen Punkten von besonderer Wichtigkeit oder Handgreiflichkeit hat man zwar schon früher auf Beherzigenswerthes und Nachahmungswürdiges in den Gebräuchen der englischen Kirche hingewiesen, aber es ist bisher nur gelegentlich oder beiläufig und in keineswegs vollständiger oder erschöpfender Weise geschehen, namentlich in Beziehung auf die Ausführung der liturgischen Stücke im Ganzen wie im Einzelnen. Es hat dies seinen Grund einfach darin, dass die gottesdienstlichen Sitten und Gebräuche der englischen Kirche in Deutschland nichts weniger als genugsam bekannt sind, und dass man desshalb auch die mannigfachen Vortheile nur in ungenügender Weise kennt, die eine eingehende und allgemein verbreitete Bekanntschaft mit diesen Gebräuchen für die Erweiterung und Bereicherung unseres gottesdienstlichen Lebens sowohl, wie für die Belehrung unseres Volkes, für die Berichtigung oder Beseitigung der in Deutschland leider noch so weit verbreiteten schiefen und falschen Ansichten über das Wesen und die Bedeutung einer ausgebildeten Liturgie und über den durch sie gewonnenen Reichthum an Mitteln der gottesdienstlichen Darstellung unzweifelhaft zur Folge haben muss. Von dem gottesdienstlichen Leben der englischen Kirche pflegt in Deutschland nicht viel mehr bekannt zu sein, als was aus dem Book of Common Prayer ersehen werden kann, dies ist aber in vielen Fällen ausserordentlich wenig, und vielleicht eben so häufig unzuverlässig oder gar dem wirklichen Gebrauche der Gegenwart zuwider; es sind zwar einige wenige Schriften über den gegenwärtigen Zustand der englischen Kirche erschienen, die auch die gottesdienstliche Seite derselben in den Kreis ihrer Darstellungen ziehen, aber es hat das nur in unvollständiger Weise geschehen können, da in einem Gesammtbilde die Einzelnheiten fast mit Nothwendigkeit verschwimmen, an Schärfe und Genauigkeit verlieren müssen, wenn man nicht zu einem besonderen Zwecke gerade die Einzelnheiten ins Auge fasst, wobei aber seinerseits wieder das Ganze an Verständlichkeit und Uebersichtlichkeit verlieren muss. Ein vollständiges und treues Gesammtbild des gottesdienstlichen Lebens in der englischen Kirche zu entwerfen, würde ohne Zweifel als ein segensreiches und lohnendes Unternehmen sich erweisen, da wir in Deutschland auch hierin überall auf Lücken und Unrichtigkeiten stossen; von noch unmittelbarerem Nutzen scheint es aber zu sein, dass man jene gottesdienstlichen Gebräuche im Ganzen wie im Einzelnen ausschliesslich zu dem Zwecke einer Betrachtung unterziehe, alle die allgemeinen und besonderen Punkte hervorzuheben, die in irgend einer Weise von der eignen Kirche verwerthet werden können, sei es nun in Berichtigung verkehrter Ansichten und falscher Vorstellungen, oder sei es in wirklicher Zueignung und Einführung.

Wenn wir im Folgenden versuchen, die bei einem längerem Aufenthalte in England gemachten Beobachtungen, Erfahrungen und Studien zu diesem Zwecke zu verwenden, mit welchem Zwecke ein empfehlendes Hervorheben der Vorzüge in der englischen Sitte nothwendig verbunden sein muss, so haben wir zuvörderst eine Art von Misstrauen aus dem Wege zu räumen, mit dem dergleichen empfehlende Darstellungen häufig, und nicht selten mit vollem Rechte, aufgenommen zu werden pflegen. Bei aller Anhänglichkeit und Liebe für die Sitten und Zustände seiner Heimath ist der Deutsche doch häufig zu sehr geneigt, sobald er mit dem Auslande in nähere Berührung kommt, sich von dem Fremden und Ungewohnten blenden zu lassen und ohne Nachdenken und Unterscheidung das ausländische Wesen der heimischen Sitte vorzuziehen. Wir haben aber allen Grund, uns vor solcher Parteinahme gegen das eigne Vaterland zu schützen und zu sichern, da uns häufig genug Dinge zur Beachtung und Aufnahme empfohlen werden, nicht weil sie Empfehlung und Nachachtung an sich verdienen, oder weil sie der deutschen Sitte und Eigenthümlichkeit entsprechen, sondern nur, weil sie in England oder Frankreich gebräuchlich sind. Dem Verdachte einer solchen befangenen Vorliebe für Fremdes und

Undeutsches glauben wir am Sichersten aus dem Wege zu gehen, wenn wir die schon bei einer anderen Veranlassung ausgesprochene Ueberzeugung wiederholen, dass die Gottesdienstordnung der evangelischen Kirche in Deutschland, wie sie durch die Bestrebungen der Gegenwart ausgebildet ist und stetig in ihrer Verwirklichung fortschreitet, die höchste bisher erreichte Stufe der Vollendung einnimmt und der Entwicklung der menschlichen Dinge gemäss einnehmen muss. In dieser Ueberzeugung und den aus ihr hervorgegangenen Wünschen für die allgemeine Einführung unserer Liturgie machen wir eben die folgenden Darlegungen, aus denen sich übrigens von selbst ergeben wird, dass wir die Mängel und Gebrechen der englischen Sitte zum mindesten eben so klar sehen, wie ihre Vorzüge. Wir lernen nämlich nicht nur aus den Vorzügen der Menschen und Völker, sondern eben so wohl aus ihren Mängeln, ja, wir pflegen gemeiniglich aus den Letzteren eindringlichere Lehren und nachhaltigeren Nutzen zu ziehen, wie aus den Ersteren, und wir werden fast eben so häufig Gelegenheit finden, an einen Mangel der englischen Sitte unser eignes Leben betreffende, warnende oder empfehlende Bemerkungen anzuknüpfen, als auf die Vorzüge derselben hinzuweisen, so dass, wenn im Folgenden nicht die sämmtlichen Schattenseiten der gottesdienstlichen Gebräuche in England Erwähnung finden, der Grund nur darin gesucht werden darf, dass die fehlenden für unseren gegenwärtigen, besonderen Zweck ohne Bedeutung sind.

Weit entfert also, der deutschen evangelischen Kirche Dinge aufzudrängen, die ihrem Wesen und ihrer Bedeutung fremd oder gar zuwider wären, werden wir vielmehr nur solche Einrichtungen und Gebräuche der Beachtung und Einführung empfehlen, die in den Principien der evangelischen Kirche ihren letzten Grund haben und zugleich dem Wesen des deutschen Volkes ohne Weiteres sich anschliessen: zum bei Weitem grössten Theile sogar Einrichtungen und Gebräuche, die theils in einer früheren Zeit von der Reformation erworbenes Eigenthum auch der deutschen Kirche waren und nur in der Gegenwart verloren oder entartet sind, theils selbst noch heutigen Tages im Gebrauche stehen, aber leider nicht mehr in der ganzen evangelischen Kirche, sondern nur in einzelnen ihrer Theile, in einzelnen deutschen Provinzen, während sie sich in England allgemein und in unentstellter Reinheit erhalten, ja, häufig sogar zu einer höheren Stufe der Vollendung entwickelt haben.

Hiernach könnte es nun scheinen, als ob wir einen wesentlichen Theil dessen, was der Vorgang der englischen Kirche uns zu lehren im Stande ist, eben so wohl, oder gar besser aus der eignen, oder doch aus der Geschichte unserer Voreltern lernen könnten, und es ist das in gewisser Beziehung vollständig begründet: die Entwicklung der deutschen und der englischen Kirche enthält in sehr vielen Stücken Gemeinsames und Gleichartiges, und wir werden in den folgenden Darlegungen häufig auf Dinge hinzuweisen Gelegenheit nehmen, die wir völlig so gut aus der eignen oder der katholischen Kirche Vergangenheit lernen könnten, ja, die von dieser Seite her schon häufig und vielleicht weit besser und eindringlicher ausgesprochen und hervorgehoben sind, als es von irgend einer anderen Seite her geschehen kann. Aber was man hätte thun können, hat man nicht gethan; in sehr vielen Punkten scheint man zu Hause aus der eignen Geschichte nicht lernen zu wollen: den wärmsten und beredtesten Fürsprachen für die Ausbildung unserer Liturgie oder einzelner Stücke derselben, den bündigsten und zwingendsten Nachweisen über ihre Angemessenheit, Dringlichkeit und Unerlässlichkeit hört man noch immer das abgenutzte und nichtssagende Vorurtheil entgegensetzen, es seien das veraltete und unnütze, oder katholische und verderbliche Einrichtungen. Was ist also dabei gewonnen, dass man bei der Empfehlung irgend eines gottesdienstlichen Stückes den Nachweis liefert, es sei evangelische Sitte unsere Vorväter gewesen oder habe sich noch bis in die Gegenwart hinein in sporadischem Gebrauche erhalten, des Argumentes nicht zu erwähnen, dass es in der gesammten alten Kirche in allgemeiner Uebung gestanden habe; was ist dabei gewonnen, dass man den Segen, der den Reichthum der Vergangenheit an gottesdienstlichen Formen begleitet hat, mit dem Jammer vergleicht, den der Verlust dieses Reichthumes, den gottesdienstliche Armuth und Oede über die Gegenwart gebracht hat? Ein grosser Theil unserer Gemeinden verschliesst den Lehren ihrer eignen Vergangenheit das Ohr, und redet sich ein, dass was die Entwicklung der Kirche im Laufe der Jahrhunderte an gottesdienstlichen Formen und Gebräuchen abgeworfen habe, des Abwerfens eben werth gewesen sei, und dass die zerstreuten Reste solcher Formen einem gleichen Schicksale sich nicht würden entziehen können.

Solchem Unverstande, glauben wir nun, ist es angemessen, das Beispiel des protestantischen Englands entgegen zu halten, das sich seit Jahrhunderten an den Formen und Gebräuchen einer ausgebildeten Liturgie erbaut hat und noch heute wesentlich in derselben Weise seinen Herrn anbetet und seinen Glauben bethätigt, wie vor zwei- oder dreihundert Jahren, ohne in den Katholicismus zurückgefallen zu sein, ohne den Namen eines streng protestantischen Volkes verwirkt zu haben und ohne in der von Gott ihm vorgezeichneten Entwicklung hinter irgend einem Volke der Welt zurückzustehen: das vielmehr unter dem Segen eines reichen und regen gottesdienstlichen und kirchlichen Lebens in der Erfüllung seines Berufes unter den Völkern der Erde mit ungehemmtem Schritte fortschreitet. Vielleicht werden die Befangenen und Kurzsichtigen in unserer Kirche, wenn sie den Blick über den engen Gesichtskreis des eigenen Lebens erheben, einer weiteren und unbefangeneren Auffassung zugänglich und lernen von den Nachbarn, was ihnen im eigenen Hause vergeblich gelehrt wurde. Hiernach scheint es kaum einer besondern Hinweisung darauf zu bedürfen, dass es durchaus nicht die Meinung sein kann, im Folgenden überall und ausschliesslich Neues zu bieten, vielmehr muss der grösste Theil der im Obigen angedeuteten Punkte gerade solche Einrichtungen und Gebräuche betreffen, die uns schon aus der eignen oder der Mutterkirche Entwicklung bekannt und an's Herz gelegt sind, und die hier nur desshalb aufs Neue hervorgehoben werden, um in der Hinweisung auf die Uebung des protestantischen Englands das Vorurtheil gegen unevangelische und katholische Sitte zu überwinden, oder an dem Beispiele der englischen Kirche zu zeigen, dass das schon von anderer Seite her Geforderte in der praktischen Ausführung sich bewährt habe und von einem protestantischen Brudervolke mit Liebe bewahrt und gepflegt werde. Auf der andern Seite aber wird sich uns eine Reihe von weniger allgemein bekannten Punkten darbieten, die aus dem selbstständigen Fortgange des gottesdienstlichen Lebens in der englischen Kirche sich entwickelt haben, und die der deutschen Kirche mehr oder weniger fremd sein müssen, weil ihr gottesdienstliches Leben, statt in gesunder Entwicklung fortzuschreiten, seit langer Zeit nur unter einer krankhaften Entartung gelitten hat; unsere Berechtigung aber, diese neuen Punkte der deutschen Kirche zur Aufnahme zu empfehlen, und die Berechtigung unserer Kirche, sie aufzunehmen und sich zu eigen zu machen, liegt theils in der geistigen und körperlichen Verwandtschaft der beiden Kirchen und Völker, theils aber in der evangelischen Reinheit und Vortrefflichkeit der hervorzuhebenden Einrichtungen und Gebräuche, die uns die zuversichtliche Hoffnung hegen lässt, dass sie sich in der deutschen Kirche eben so wirksam und segensreich erweisen werden, wie in der Kirche von England.

I. Allgemeines.

Die Liturgie.

Der erste und wichtigste Vorzug, den die englische Kirche in gottesdienstlicher Beziehung vor der deutschen geltend zu machen hat, ist der, dass sie überhaupt eine sich selbstständig entwickelnde Liturgie besitzt, eine Liturgie, die in einem zum Mindesten nebengeordneten Verhältnisse zur Predigt steht, ja, bisweilen dieser sogar übergeordnet ist. Hieraus entwickeln sich alle übrigen Vorzüge in liturgischer, musikalischer und symbolischer Hinsicht, hieraus haben wir in der That alles Das abzuleiten, was wir aus dem gottesdienstlichen Leben der englischen Kirche lernen und uns aneignen können, was uns, die wir einer selbstständigen Liturgie meistens noch entbehren, bis jetzt meistens noch fehlt.

Die segensreichen Folgen, die der Besitz einer ihren Bedürfnissen nur einigermaassen genügenden, neben der Predigt selbstständige Bedeutung tragenden Liturgie für jedes Volk und für jede Gemeinde mit sich bringen muss, sind schon früher genugsam hervorgehoben und im Allgemeinen auch genugsam anerkannt; wir haben hier also nur darauf hinzuweisen, dass alle die Segnungen, die in Deutschland von der Ausbildung und Einführung einer solchen Liturgie versprochen und erwartet werden, in England seit Jahrhunderten wirken und ihren wohlthätigen Einfluss auf alle Seiten des Volks-, Gemeinde- und Familienlebens noch täglich beweisen, um hier von ihrer Bedeutung für das got-

tesdienstliche Leben im Besondern zu schweigen, auf deren
Darlegung eben alle die folgenden Betrachtungen ausgehen.
Wenn wir uns auch nicht verhehlen wollen, dass im
Besonderen und Einzelnen auch fremde und selbst äussere
Einflüsse dabei mitwirken, so wird sich doch eben so wenig
leugnen lassen, dass die Engländer die allgemein verbreitete
Sitte der häuslichen Andacht, die durchgängig echt
christliche Erziehung der Jugend und den damit verbundenen
Segen für das Familienleben, dass sie den regelmässigen
Besuch des Gottesdienstes, den häufigen Genuss des
heiligen Abendmahles und die darin begründete Regsamkeit
des Gemeindelebens, dass sie die Heilighaltung des
Sabbaths, die überall hervortretende Achtung vor dem Gesetze
und dem Rechte des Nächsten, mit den hieraus wie
aus allem Früheren entspringenden Segnungen für das
Volksleben, dass sie alles Dies zum wesentlichen Theile ihrer
Gottesdienstordnung zu verdanken haben. Die liturgisch
geordneten, festehenden Theile des Gottesdienstes bringen
den Stand der Wiedergeburt im einzelnen Gliede, wie in
der Gemeinde und der Kirche zur Darstellung, sie geben
damit dem Einzelnen das Bewusstsein von seiner Zusammengehörigkeit
mit der Gemeinde, und der Gemeinde das
Bewusstsein von ihrer Gliedschaft am Leibe der Kirche;
und aus diesem Bewusstsein fliessen alle die Vorzüge, um
die wir das englische Volk zu beneiden haben, von denen
überdies die oben angeführten, aus dem Besitze einer Liturgie
ganz im Allgemeinen abgeleiteten nur einen geringen
Theil ausmachen, da jedes einzelne liturgische Stück noch
seinen besonderen Segen stiftet, und der segensreiche Einfluss
auf das innere Leben des Volkes und seiner Glieder
auch über alle Verhältnisse des äusseren Lebens erhebend
und fördernd sich verbreitet.

Alle diesen unmittelbar oder mittelbar wirkenden Einfluss
kann aber eine blosse Predigterbauung oder eine so
kläglich verstümmelte Gottesdienstordnung, wie sie in

Deutschland fast allgemein noch im Gebrauche ist, natürlich nicht ausüben, da in ihr das Bewusstsein von der Gliedschaft am Leibe des Herrn nicht gepflegt und gestärkt wird, sondern im Gegentheile sich lockern und auflösen muss, und wir dürfen desshalb ein reges und geordnetes gottesdienstliches und kirchliches Leben nicht eher erwarten, als bis wir eine lebensfähige und gesunde Liturgie zur Einführung gebracht haben, eine Liturgie, die ja unter dem Beistande des Höchsten in der Gegenwart vollständig ausgebildet ist, und nur noch der allgemeinen Einführung harrt.

Gleichwohl dürfen wir uns nicht von der Hoffnung täuschen lassen, dass mit der Einführung einer wohlgeordneten Liturgie auch das gottesdienstliche und kirchliche Leben in Deutschland sofort und nach allen Seiten hin sich erneuern oder gar zu einer solchen Regsamkeit sich erheben werde, wie wir es in England finden. So hoch wir auch den Werth der Liturgie anschlagen, so können wir uns doch nicht verhehlen, dass sie nur ein einzelnes Moment in einer Reihe von wirkenden Ursachen ausmacht, und namentlich dürfen wir nicht vergessen, dass wir es mit einer in fortwährender Entwicklung begriffenen Kette von Ursachen und Wirkungen zu thun haben, die gegenseitig auf einander einwirken, in welcher also der Einfluss der Wechselwirkung ein wesentliches Moment bildet. Die Liturgie hat gewiss die Macht, das gottesdienstliche und kirchliche Leben der Gemeinde zu fördern, aber dieses Leben ist zugleich auch eine wesentliche Bedingung für die Wirksamkeit der Liturgie: das Eine hat das Andere zur nothwendigen Voraussetzung, beide bedingen einander gegenseitig, wie sie einander gegenseitig heben und fördern; und bevor die ganze Kraft einer liturgischen Ausgestaltung unseres Gottesdienstes sich entfalten kann, müssen beide Factoren Zeit und Gelegenheit gehabt haben, auf einander einzuwirken. Es ist mit der Wiederbelebung dieser Dinge wie mit ihrem Verfalle: das Absterben des kirchlichen Lebens hat nicht die Verkümmerung der gottesdienstlichen Formen, und das Zusammensinken des liturgischen Baues hat nicht den Verfall des kirchlichen Lebens herbeigeführt, sondern Beide sind mit und durch einander verkümmert und verkommen. Indess dürfen wir doch mit Zuversicht darauf bauen, dass die Liturgie auch bei uns ihre veredelnde und belebende Kraft erweisen werde, wenn wir ihr nur erst Gelegenheit gegeben haben, diese Kraft zu entwickeln. Das fast erstorbene Glaubensleben der Gemeinde zu erwecken, besitzen wir freilich die Macht nicht, wir können nur pflegen und fördern, das Erwecken ist des Herrn Sache; der Herr hat aber seine Macht gezeigt, eine neue Zeit lebendigen Glaubens ist erstanden, und in dem Streben und Ringen nach einer Ausgestaltung unseres Gottesdienstes haben wir eben eine der ersten Wirkungen dieses neuen Lebens zu erkennen. Daraus aber ergiebt sich ohne Weiteres die unerlässliche Pflicht eines Jeden, dieses Streben mit allen Kräften zu unterstützen und zu fördern, zu der Erfüllung einer zwingenden Forderung nach bestem Vermögen beizutragen: der Herr hat das Seinige gethan, wenn wir das Unsrige thun, wird der Segen nicht fehlen.

Ausser dem Zweifel an der Wirksamkeit und Nützlichkeit der Liturgie werden noch einige weitere Bedenken gegen die Einführung derselben im Allgemeinen durch eine Betrachtung der gottesdienstlichen Verhältnisse in der englischen Kirche beseitigt. Man sagt zuerst, die Liturgie sei etwas Katholisches. Nun, es ist bekannt genug, dass man in England einen mindestens eben so grossen Abscheu und eine noch bedeutend grössere, ja sinnlosere Furcht vor dem Einflusse des Katholicismus hegt, als in Deutschland: in der That, der blosse Ausruf „no Popery" reicht dort hin, das ganze Land in Aufregung und Schrecken zu versetzen, und wir werden noch mehrfach Gelegenheit finden, über diese fast abergläubische Furcht uns auszusprechen. Nichts desto weniger fällt es keinem Engländer ein, in seiner Liturgie als solcher etwas Katholisches zu erblicken, obwohl sie in manchen Beziehungen von der katholischen Gottesdienstordnung mehr in sich enthält, als irgend eine der protestantischen Liturgieen Deutschlands, oder gar die in der Gegenwart ausgebildete Liturgie unserer Kirche, sondern er betrachtet sie im Gegentheile als den ersten und obersten Hort, als die Standarte seines protestantischen Glaubens, und zwar mit vollem Rechte, da sie trotz ihrer schweren und immer allgemeiner als unerträglich anerkannten Gebrechen im Besonderen und Einzelnen durch ihren täglichen und allgemeinen Gebrauch in der ganzen englischen Kirche doch weit eher zu einer solchen Bedeutung berechtigt erscheint, als das dem täglichen Leben wie dem allgemeinen Bewusstsein ferner stehende, eigentliche Bekenntniss der Kirche, die 39 Artikel. Die Liturgie wird in allem öffentlichen Gottesdienste, und, in einem kurzen Auszuge, auch in der häuslichen Andacht von allen Parteien der englischen Kirche sowohl, wie von einem grossen Theile der Nonconformisten benutzt, während ein anderer Theil der Dissenter die Nationalkirche um diesen Schatz beneidet, und die allgemeine Verehrung, die ihr mit Recht gezollt wird, zeigt sich am unverkennbarsten in der Scheu und Zartheit, mit der die Bewegung der Gegenwart für eine Umgestaltung der englischen Gottesdienstordnung zu Werke geht, eine Bewegung, die nur die allerschreiendsten Missstände beseitigt sehen will, um nicht mit dem Unkraute auch nur das geringste Körnchen fruchtbringenden Saamens auszujäten, und die demgemäss auf alles Andere eher ausgeht, als auf eine Beseitigung der Liturgie im Ganzen oder auch nur in irgend einem wesentlichen Stücke.

Wenn Jemand in England die Meinung äussern wollte, die Liturgie sei etwas Ueberflüssiges, oder gar etwas Katholisches, so würde man ihm ohne Weiteres ins Gesicht lachen und den Rücken zukehren. So ist es in England; und was hat in Deutschland gesprochen, geschrieben und gethan werden müssen, nicht, ehe diese Meinungen widerlegt oder gar zum Schweigen gebracht sind, sondern nur, ehe man der entgegengesetzten Ueberzeugung hat Gehör verschaffen können!

Man hat ferner der Liturgie die Beförderung des Lippendienstes und damit der geistlichen Heuchelei zum Vorwurfe gemacht. Dass dieser Vorwurf in gewisser Beziehung gegründet ist und z. B. die Römische Liturgie mit vollem Rechte trifft, wird gewiss Niemand leugnen wollen; aber es ist das nichts weniger wie die Schuld der Liturgie als solcher, sondern nur den besonderen Formen und dem besonderen Inhalte dieser Liturgie zuzuschreiben. Ganz dasselbe ist der Fall in der englischen Liturgie. Es wird in England selbst am bereitwilligsten und allgemeinsten anerkannt, dass der Gottesdienst der Nationalkirche in beklagenswerther Weise häufig zu einem blossen Lippendienste hinabgewürdigt und zu einem Tummelplatze der geistlichen Heuchelei gemissbraucht werde. Doch schreibt man die Ursache dieser Krankheit nicht der Liturgie als solcher zu und geht desshalb nicht darauf aus, den ganzen Organismus derselben als ungesund und verderblich zu verwerfen, sondern man findet den Heerd des Uebels nur in einzelnen Gliedern dieses Organismus und sucht die Heilung selbst dieser einzelnen Glieder nicht ohne Weiteres in ihrer Beseitigung, sondern betrachtet Amputationen auch auf dem Gebiete der Liturgik als einen äussersten und verzweifelten Schritt, zu dem man nur dann seine Zuflucht nehmen dürfe, wenn alle übrigen Mittel vergebens angewandt seien, und der ganze Organismus von dem Uebel zerstört zu werden drohe.

Das Uebel in der englischen Kirche ist aber wahrlich gross und drohend genug. Ueber die inneren Schäden, die fast mit Nothwendigkeit einen blossen Lippendienst der Gemeinde sowohl, wie des Geistlichen zur Folge haben müssen und die um so tiefer greifen, je mehr sie in der Gegenwart zum allgemeinen Bewusstsein gelangen, wollen wir hier schweigen, da sie mehr oder weniger ein genaueres Eingehen in die Sache erfordern, das hier nicht an seinem Platze sein würde; wir wollen nur eins der handgreiflichsten Gebrechen anführen, das in der äusseren Structur der Liturgie, seinen Grund hat.

In einem und demselben Gottesdienste, in dem englischen Hauptgottesdienste mit Communion werden

zwei allgemeine Vermahnungen,
zwei allgemeine Sündenbekenntnisse,
zwei Absolutionen,
zwei Glaubensbekenntnisse,
zwei allgemeine Fürbittengebete

und drei Segen gesprochen;

die Tagescollecte wird zweimal,
für die Königin wird dreimal,
für die Geistlichkeit dreimal,
für die Regierung zweimal,
für das Oberhaus zweimal,
für die Obrigkeit zweimal,

und endlich wird das Vater unser sechsmal gebetet!

Wenn man dazu bedenkt, dass zwischen den Vor- und Nachmittagsgottesdiensten in den meisten Fällen nur ein Zeitraum von zwei bis drei Stunden liegt, und dass diese beiden Gottesdienste mit Ausnahme der Litanei und des Ante-Communion Service, die ausschliesslich der Vormittagsfeier zugehören, einander mehr als ähnlich, dass sie, in der Anordnung wenigstens, einander fast gleich sind und im Wesentlichen nur durch eine verschiedene Ausführungsweise derselben liturgischen Stücke sich unterscheiden, so wird man anerkennen müssen, dass schon in diesem einzelnen, äusserlichen Punkte eine sehr dringende, eine fast unvermeidliche Gefahr der Ausartung des Gottesdienstes zu blossem Lippendienste enthalten ist, und dass, wenn der Gottesdienst dieser Gefahr trotzdem nicht unterliegt, es ein mächtiges und wirksames Gegengewicht sein muss, das sie in Schranken hält. Nun finden wir aber den englischen Gottesdienst durchaus nicht zu bloss äusserlichem Lippendienste ausgeartet, sondern wir begegnen dort eben so viel wahrer Andacht und echter Frömmigkeit, wie in irgend einem anderen protestantischen Gottesdienste, und es sind nur und ausschliesslich diejenigen einzelnen Punkte, an denen die Gemeinde eben Anstoss nimmt, die ihrem Gefühle widerstreben oder ihrem Glauben zuwider sind, welche ohne Andacht gesprochen und gehört werden, wie demgemäss auch die Symptome gar nicht, oder doch nur in einzelnen Fällen und nur in geringem Maasse sich bemerkbar machen, die wir in dem kirchlichen und bürgerlichem Leben solcher Völker zu beobachten gelernt haben, deren gottesdienstliches Leben zu blossem Scheine hinabgesunken ist. Wo haben wir nun das Gegengewicht zu suchen, das die Gefahr eines Ausartens im englischen Gottesdienste, wenn nicht völlig abgewandt, doch wesentlich verringert, das den verderblichen Einfluss der inneren und äusseren Schäden in der Anordnung und Ausführung der Liturgie wenn nicht gänzlich, doch in höchst bedeutendem Grade neutralisirt hat? In Deutschland wird man natürlich geneigt sein, dieses Gegengewicht in dem anregenden und belebenden Einflusse der Predigt zu finden, die unserer Auffassungsweise nach zu einer solchen Aufgabe ja auch ganz besonders befähigt erscheinen muss. In England aber sind die Verhältnisse in manchen Beziehungen anders, und wenn man auch nur eine geringe Anzahl von Predigten englischer Geistlichen gehört hat, so wird man bald von der Meinung zurückgebracht werden müssen, dass die Predigt im Stande sei, dem liturgischen Elemente der englischen Kirche in irgend erheblicher Weise das Gegengewicht zu halten. Schon die äussere Weise des Vortrages, der fast nie völlig frei ist, sondern meistens der Weise entspricht, in der in Deutschland die Reden bei feierlichen Universitätsakten gehalten werden (also halb frei und halb gelesen, gewöhnlich sogar mit einem Uebergewichte der zweiten Hälfte), schon dieser Umstand spricht dafür, dass dort die Predigt eher eine Neigung hat, an das stabile Element der Liturgie sich anzulehnen, als ein bewegliches und lebendiges Moment zu bilden, ein Moment, das aus der unmittelbaren Subjectivität des Geistlichen hervorgegangen, den wechselnden Zuständen der Gemeinde, der Kirche und der Zeit im Allgemeinen sich anschliessend, eine gewiss wohlthuende Regsamkeit, und Flüssigkeit in die nothwendig mehr plastischen Formen der Liturgie zu bringen bestimmt ist. Es geht das sogar noch weiter: der Geistliche ist durchaus nicht gebunden, stets eine neue, oder auch nur stets eine eigene Predigt zu halten, es ist ihm nicht allein gestattet, seine und fremde Predigten vollständig abzulesen, sondern es sind ihm sogar ausdrücklich zu diesem Zwecke zwei Bücher Homilien in die Hand gegeben, die in der Reformationszeit entstanden (das erste 1547, das zweite 1564), neben den 39 Artikeln und dem Prayer-Book die Bedeutung von symbolischen Büchern tragen, kirchliche Autorität in Glaubenssachen haben. Daraus allein schon geht es unzweifelhaft hervor, dass in England die Predigt nicht der Liturgie in gewisser Weise entgegengestellt ist und damit die Fähigkeit und den Beruf in sich trägt, den Schäden derselben als ein Gegengewicht zu dienen, sondern dass sich die Predigt vielmehr von der Liturgie wenn auch nicht beherrschen, doch mindestens wesentlich beeinflussen lässt; und sie erweist sich also als nichts weniger als geeignet, einem der schwersten Uebel der englischen Liturgie, der Gefahr einer Beförderung des Lippendienstes, wirksame Schranken entgegen zu setzen. Der Feier des heiligen Abendmahles kann die in der englischen Kirche unzweifelhaft vorhandene Gegenwirkung ebenfalls nicht zugeschrieben werden, da sie, wenn auch häufig dem Morgengottesdienste sich unmittelbar anschliessend, doch lediglich die Communicanten versammelt, während die Gemeinde als solche das Gotteshaus verlässt, eine Sitte, in der wir, beiläufig bemerkt, von der englischen Kirche wiederum lernen können, was wir nicht zu thun haben, obwohl wir zu Hause dieselbe Beobachtung zu machen überreichliche Gelegenheit finden.

Es bleibt also nichts übrig, als das Gegengewicht gegen die Mängel der englischen Liturgie in dieser Liturgie selbst zu suchen: dass der englische Gottesdienst nicht schon seit langer Zeit in unendlich höherem Maasse zu todtem Lippendienste ausgeartet ist, kann allein dem segensreichen Einflusse der Liturgie selbst zugeschrieben werden. Wir haben gesehen, dass die Gefahr für die innere Lebendigkeit und Wahrheit der gottesdienstlichen Darstellung in der englischen Kirche nicht aus der Liturgie im Ganzen und Allgemeinen hervorgehe, sondern nur aus deren allerdings oft schweren Gebrechen im Besonderen und Einzelnen abgeleitet werden dürfe. Diese Schäden, so zerstreut und unerheblich sie auch im Anfange sich zeigen mögen, pflegen doch in einem ungeheuren Verhältnisse an Umfang und Tiefe zuzunehmen, wenn ihrem Umsichgreifen nicht sofort und mit allen Kräften Einhalt gethan wird; und wenn das Gift in der englischen Liturgie trotz jahrhundertelanger Einwirkung nur in geringem Grade weitergefressen hat, so muss das ausschliesslich einem Gegengifte zugerechnet werden, das fast gegen alle Uebel des gottesdienstlichen Lebens sich als höchst wirksam erweist, und das in der Liturgie der Kirche von England in besonders reichlichem Maasse enthalten ist: wir meinen die geordnete und vielseitige Mitthätigkeit der Gemeinde an der gottesdienstlichen Darstellung. Diese selbstständige Mitthätigkeit der Gemeinde, die einen der wesentlichsten Vorzüge der englischen Gottesdienstordnung bildet, werden wir weiter unten noch zum Gegenstande einer besonderen Betrachtung machen; hier genügt es, auf ihre in allen Verhältnissen unschätzbare Wirksamkeit nur hinzuweisen, die nicht allein einen der unbedingtesten Vorzüge einer jeden wohlgeordneten Liturgie ausmacht, sondern sogar die Fähigkeit in sich trägt, den schädlichen Einfluss kranker Theile in der Liturgie auszugleichen und aufzuheben, wenn nicht die Krankheit selbst zu beseitigen. Anstatt also Lippendienst und Heuchelei zu befördern, stellt sich die Liturgie im Ganzen und Allgemeinen vielmehr als das einzige Mittel dar, durch die in einer jeden evangelischen Liturgie wenigstens mit Nothwendigkeit enthaltene selbständige und reiche gottesdienstliche Thätigkeit der Gemeinde das Ausarten zu Lippendienst und Heuchelei, wo es von einzelnen ungesunden Stücken des Gottesdienstes befördert wird, zu verhindern.

Aus diesen Betrachtungen können wir in Deutschland viel Gutes und Nützliches lernen. Zuerst zeigt sich darin die Grundlosigkeit des Vorwurfes, dass die Liturgie an sich Lippendienst und Heuchelei befördere, eines Vorwurfes, der mit Recht nur Einzelnheiten in der Liturgie treffen kann, welche sich zudem stets als krankhafte Bildungen darstellen müssen, nicht aber der Liturgie wesentlich oder nothwendig zugehören. Weiter werden wir darin zur Anerkennung und Hochhaltung unserer eignen Liturgie aufgefordert. Wo enthält die deutsche Gottesdienstordnung solche Ungeheuerlichkeiten, wie wir sie in den Formularen der englischen Kirche gefunden haben? Unsere Liturgie ist ein nach organischen Gesetzen gebildetes und gegliedertes Ganzes, in dem jeder einzelnste Theil eine bedeutsame und nothwendige Stelle einnimmt, wodurch selbst die Möglichkeit einer Verknöcherung zu blossem Formalismus beseitigt ist; unsere Liturgie weist der Gemeinde eine eben so selbststän-

dige und wichtige, aber noch tiefer begründete und noch
besser gegliederte Thätigkeit in der gottesdienstlichen Darstellung zu, wie die englische Ordnung, und endlich enthält sie in der Stellung und Bedeutung der Predigt im Organismus des Gottesdienstes neben der Thätigkeit der Gemeinde noch ein zweites und bei den gottesdienstlichen Verhältnissen in Deutschland wahrlich nicht unwirksames Gegengewicht gegen die Gefahren, die bei der Unvollkommenheit aller menschlichen Dinge aus der Entartung etwa nicht lebenskräftiger Keime möglicherweise sich entwickeln könnten. Endlich aber muss die deutsche Gemeinde sich aufgefordert finden, die ihr dargebotene Mitthätigkeit in der gottesdienstlichen Darstellung mit der Liturgie selbst als ein unschätzbares Gut, als die sicherste Garantie für ihr gottesdienstliches und kirchliches Leben anzunehmen und hochzuhalten, statt in der Unmündigkeit zu verharren, die sie in ihrer Unthätigkeit bei der Abhaltung eines blossen Predigtgottesdienstes bislang selbst ausgesprochen hat.

Das Prayer-Book.

Eine andere Einrichtung allgemeinen Characters, an die sich einige für uns belehrende Bemerkungen anknüpfen lassen, ist das Prayer-Book der englischen Kirche. Dass dieses Buch nach einigen Vorbemerkungen und verschiedenen calendarischen Tafeln über die Vertheilung der biblischen Vorlesungen, der Psalmenlectionen, der Feste u. s. w. die Formulare für den öffentlichen Gottesdienst sowohl, wie für die gelegentlichen Feiern, Taufe, Confirmation, mit Katechismus, Trauung, Krankenbesuch, Begräbniss, Kirchgang, Ordination etc. enthält, die in den Rubrics alle für die Ausführung der Feiern erforderlichen Anweisungen geben, und denen sich mindestens die Psalmen und eine für den Gemeindegesang bestimmte metrische Bearbeitung derselben nebst einigen Hymnen, wenn nicht auch die Bibellectionen oder die sämmtlichen heiligen Schriften anzuschliessen pflegen, ist bekannt. Es würde damit der Gemeinde ein ihren gottesdienstlichen Bedürfnissen vollständig genügendes Buch in die Hand gegeben sein, wenn nicht die widerwärtige Unsitte wäre, fast in jeder Kirche eine besondere, für sie eigens veranstaltete Sammlung von Hymnen (Gemeindeliedern) zu benutzen, welche es nothwendig macht, auch ein solches Hymnenbuch zur Kirche mitzunehmen, eine Unsitte, die um so widerwärtiger ist, als sie Ursprung und Pflege nur der Habsucht der Geistlichen verdankt, die den Entwurf und den Vertrieb solcher Sammlungen zu einem förmlichen Erwerbszweige der Geistlichkeit gemacht hat. Dass unsere Kirche mit der Einführung einer reicheren Liturgie ihren Gemeinden auch ein dem englischen Prayer-Book analoges Gottesdienstbüchlein bieten muss, versteht sich wohl von selbst, Inhalt und Form eines solchen Leitfadens ist auch schon mannigfach besprochen, namentlich sind von Schoeberlein bestimmte Vorschläge gemacht, und in besonders bevorzugten Gemeinden ist mit der Liturgie auch schon das Gottesdienstbüchlein zur wirklichen Einführung gekommen. Die uns bisher bekannt gewordenen Formulare dieser Art scheinen indessen weder den gerechten Anforderungen, noch auch den Bedürfnissen der Gemeinde in ausreichender Weise zu entsprechen, sie tragen äusserlich und innerlich zu sichtbar den Character des Skizzenhaften und Provisorischen an sich, als dass sie auf eine definitive Geltung Anspruch erheben könnten, obgleich ihnen natürlich als dem Gerüste, um und durch welches der wirkliche Bau aufgeführt werden muss, auch eine bleibende Bedeutung zukommt.

Wenn wir, um zu diesem Baue einige Steine zu liefern, auf das Prayer-Book der englischen Kirche hinweisen, so sind wir doch keineswegs gemeint, Form oder Inhalt desselben als den deutschen Bedürfnissen entsprechend darzustellen, vielmehr enthält es für uns einerseits zu wenig und andererseits zu viel, und selbst die in Deutschland bis jetzt hervorgetretenen Entwürfe und Versuche haben zum mindesten zwei wesentliche Vorzüge vor ihm voraus: erstens nämlich, dass sie ausschliesslich für den Gebrauch der Gemeinde bestimmt sind, während in England Geistliche und Gemeinden dasselbe Prayer-Book benutzen, und zweitens, dass sie den gesangweise auszuführenden Stücken die Gesangweisen auch wirklich beifügen.

Die Grundsätze, welche bei dem Entwurfe eines solchen Gottesdienstbüchleins maassgebend sind, werden sich darin zusammenfassen lassen, dass es der Gemeinde ein leicht verständlicher, völlig zuverlässiger und durchaus vollständiger Leiter bei allen ihren gottesdienstlichen Verrichtungen sei, während Bündigkeit und Kürze, und darin begründete Allgemeinzugänglichkeit zwar unzweifelhaft wichtige, aber doch nur secundäre Momente bilden. Man hat nun, unserer Meinung nach, den secundären Rücksichten zu vielen Einfluss gestattet. Zuerst ist der durch häufiges Vor- und Zurückverweisen, durch Abkürzungen und gelehrte Ausdrücke (die noch dazu vielfach zu Missdeutungen Anlass geben) gewonnene Raum mit einem noch so geringen Verluste an Uebersichtlichkeit und Verständlichkeit bei weitem zu theuer bezahlt; ferner wird durch die Angabe nur Einer Form, wo nach Zeit und Umständen verschiedene Formen desselben Stückes benutzt werden u. dergl., das Vertrauen in die Zuverlässigkeit des Buches erschüttert; und endlich sollte man nicht allein für den Hauptgottesdienst, sondern eben sowohl für die Nebengottesdienste Formulare aufnehmen, sollte nicht nur allen liturgisch eingegliederten Gemeindeliedern, sondern auch den vom Geistlichen zu wählenden Predigtliedern, und sollte zuletzt auch den Evangelien und Episteln einen Platz gönnen, um nicht die Vollständigkeit unter der Rücksicht auf Kürze gar zu sehr leiden zu lassen.

Das Gottesdienstbüchlein sollte so eingerichtet sein, und würde sich auch ohne Schwierigkeit so einrichten lassen, dass die Gemeinde im Gottesdienste gar keines anderen Buches weiter bedürfte. Wenn man das Ganze in drei Abschnitte theilte, von denen der erste die Formulare, der zweite die Evangelien und Episteln und die auf die Nebengottesdienste vertheilten Psalmen, der dritte eine Auswahl von selbst hundert Predigtliedern enthielte, während eine Einleitung die etwa nothwendigen Erläuterungen böte, so würde die Gemeinde alles Erforderliche in Einem Buche vereinigt haben, und es würde, da die bisher üblichen Gesangbücher in allen Fällen für den Gemeindegottesdienst ungenügend und hauptsächlich der häuslichen Erbauung zugewiesen sein würden, kaum ein anderes Bedenken dagegen laut werden können, als das eines zu grossen Umfanges und damit zu hohen Preises. Wenn man aber bedenkt, zu wie unendlich niedrigen Preisen Bibeln und Gesangbücher verkauft werden, während das Gottesdienstbüchlein noch nicht halb den Umfang der meisten deutschen Gesangbücher erreichen würde, so scheint dies Bedenken in keiner Weise die Beachtung zu verdienen, die ihm bisher zu Theil geworden ist.

Betrachten wir das englische Prayer-Book. Wenn wir von dem Mangel der Singweisen absehen, so finden wir die Forderungen der Leichtfasslichkeit, Zuverlässigkeit und Vollständigkeit in hohem Grade erfüllt, und finden in ihm alle die Stücke enthalten, die wir unserem Gottesdienstbüchlein einverleibt sehen mögten: und sogar noch ein gutes Theil mehr. Dieses Mehr aber, glauben wir, ist für unsere deutschen Verhältnisse ein Zuviel und also vom Uebel. Wir können es weder für erforderlich, noch auch nur für rathsam halten, unserem Gottesdienstbüchlein die Formulare für alle die gelegentlichen Feiern beizufügen, die dem eigentlichen Gemeindegottesdienste nicht zugehören, noch ihnen Katechismus, Confession u. s. w. einzureihen, die besser in einen besonderen Band vereinigt werden, da das Gottesdienstbüchlein eben ausschliesslich dem Gebrauche der Gemeinde dienen soll. Selbst die Beifügung der für die Lectio continua in den Nebengottesdiensten bestimmten biblischen Schriften ist nicht durchaus nothwendig, da man zu den Feiern, die der Bibellesung oder Schriftauslegung namentlich gewidmet sind, leicht eine Bibel mitnehmen kann, und das Zusammenbinden dieser Schriften oder der ganzen Bibel mit dem Gottesdienstbüchlein füglich den Wünschen Einzelner anheimgestellt bleiben darf, denen die Industrie mit den verschiedensten Ausgaben und Sammlungen entgegen kommen wird. Es wird das in Deutschland sich eben so gestalten, wie in England, wo hunderte von verschiedenen Ausgaben und verschiedenen Formaten des Buches im Gebrauche sind, welche alle die dem Prayer-Book eigentlich zugehörenden Stücke enthalten, in Rücksicht auf die beigefügten Theile aber vielfach und wesentlich von einander abweichen, und demgemäss auch zu den verschiedensten und dem Vermögen Aller angemessenen Preisen verkauft werden.

Die Mitthätigkeit der Gemeinde.

Auf die unmittelbar aus dem Besitze einer geordneten Liturgie hervorgehende Mitthätigkeit der Gemeinde und die daraus folgende Regsamkeit und Lebendigkeit der gottesdienstlichen Darstellung haben wir schon oben hingewiesen, und sie schon dort als eine der segensreichsten Folgen der liturgischen Ausgestaltung bezeichnet: der Einfluss derselben auf alle Theile des Gottesdienstes sowohl, wie auf die Gemeinde selbst ist wirklich von entscheidender Bedeutung. Im englischen Gottesdienste ist die active Betheiligung der Gemeinde ganz ausserordentlich gross; sie beschränkt sich nicht allein auf die bloss abschliessende Bestätigung oder Aneignung der in der Hauptsache vom Geistlichen ausgeführten Stücke, wie Gebete, Vermahnungen, Absolutionen, Collecten und Lectionen, Sprüche und Segnungen, sondern sie theilt sich mit dem Geistlichen in die responsorische Ausführung der Cantica und Psalmen, der Versikeln, der Litanei und der zehn Gebote, und spricht vollständig mit ihm zusammen die Beichten, die Glaubensbekenntnisse, das Vater unser (bis auf das vor der Predigt und im Ante-Communion Service vom Geistlichen allein gebetete), die vier ersten Bitten und einige andere Stücke der Litanei und das Gloria in excelsis in der Communionfeier, während sie endlich die Hymnen und häufig auch, wo ein besonderer Singchor vorhanden ist, der als ein Glied der Gemeinde das Anthem stets allein singt, die Cantica und das Gloria in excelsis ganz selbstständig ausführt.

Eine völlig so vielseitige Gemeindethätigkeit mögten wir nun der deutschen Kirche nicht einmal empfehlen. Wir haben nämlich die schon bei einer früheren Gelegenheit geäusserten Bedenken gegen das Zusammensprechen der Gemeinde in allen anderen Stücken, als einem kurzen „Ja" oder „Amen", bei einer vielfachen und unpartheiischen Beobachtung des englischen Gebrauches durchaus bestätigt gefunden, und sind in der Ueberzeugung bestärkt worden, dass den deutschen Bedürfnissen nur die bisher übliche Ausführungsweise entspreche, in der die Gemeinde entweder das vollständig vom Geistlichen gesprochene Stück nur mit einem kurzen Zurufe abschliesst, oder aber die Ausführung vollständig und zwar in Gesangform übernimmt, wenn sich die Stücke zu einer gesangweisen Ausführung in responsorischer Form nicht eignen sollten. Dadurch scheint denn die Mitthätigkeit der Gemeinde in der deutschen Kirche auf ein geringeres Maass beschränkt zu sein, als in England, aber es ist das auch nur Schein. Zunächst findet der Liedgesang der Gemeinde bei uns eine weit reichere und bedeutsamere Verwendung. In der englischen Kirche ist der Liedgesang der Gemeinde nur an zwei Stellen allgemeine Sitte, zwischen Litanei und Ante-Communion Service, und nach dem Schlusse dieses Theiles, vor dem Beginne der Predigt. Die dort gesungenen metrischen Psalmen oder Hymnen haben keine andere Bedeutung, als die eines Ruhepunktes im Fortgange der gottesdienstlichen Darstellung, und da sie als solche an angemessenen Stellen stehen, stören sie nicht gerade, aber bilden doch auch keineswegs ein nothwendiges Glied in dem Organismus der Liturgie; häufig, doch durchaus nicht allgemein, wird auch zum Beginne der Feier ein Lied gesungen, das indessen meistens nur ein bloss allgemeiner Vorbereitungsgesang ist, obwohl bisweilen auch wenigstens ein Morgen- oder Abendlied. In Deutschland dagegen muss, oder kann doch wenigstens, eine ganze Reihe der wesentlichsten Stücke der gesangweisen Ausführung der Gemeinde zugewiesen werden, und Gemeindelieder, wie überhaupt gottesdienstliche Stücke, die in der Gliederung der Liturgie nur die Bedeutung von Interpunktionszeichen trügen, sind dort gar nicht vorhanden, eben so wenig, wie blosse Vorbereitungslieder. Ferner aber hat die deutsche Kirche in den antiphonischen und responsorischen Weisen des Gesanges ein Mittel in Händen, die Mitthätigkeit der Gemeinde eben so, und selbst noch reicher und vielseitiger auszubilden, wie die Kirche von England, die den antiphonischen Gesang eigentlich gar nicht, und die responsorische Singweise nur in den der high-church Partei angehörenden Gemeinden zur Verwendung bringt, während das responsorische Sprechen freilich vielfach und allgemein im Gebrauche ist.

Die Nothwendigkeit und die wohlthätige Einwirkung einer ausgebildeten Mitthätigkeit der Gemeinde auf alle Seiten der gottesdienstlichen Feier scheinen kaum einer besonderen Hervorhebung zu bedürfen: es ist so handgreiflich, dass das Subject der Handlung an der Handlung auch wirklich thätigen Antheil nehmen müsse, und es ist so augenscheinlich, dass die Anordnung und Ausführung des evangelischen Gottesdienstes nur durch eine solche selbstständige Betheiligung der Gemeinde eine seiner Idee entsprechende und seiner Bedeutung würdige Gestalt gewinnen könne, dass Belege darüber im Besonderen und Einzelnen überflüssig erscheinen; auf die Segnungen indessen, die der Gemeinde selbst aus ihrer gottesdienstlichen Thätigkeit erwachsen, und die ihrerseits wieder auf die Ausführung der Feier einen höchst wichtigen Einfluss ausüben, müssen wir einen genaueren Blick werfen, da sie weniger allgemein anerkannt und gewürdigt zu werden pflegen.

Auf die Regsamkeit und Lebendigkeit, in welcher die Gemeinde durch eine reiche und geordnete Betheiligung an der gottesdienstlichen Darstellung selbst in einer durch mancherlei Wiederholungen und andere Mängel verzerrten und durch ungebührliche Länge ermüdenden Liturgie erhalten wird, und in welcher wir eben das wirksamste Gegenmittel gegen die sonst mit diesen Schäden unvermeidlich verbundene Gefahr der Ausartung erblicken mussten, haben wir gleichfalls schon hingewiesen; trotzdem dass diese Mängel, zu denen noch eine verhältnissmässig sehr geringe Abwechslung und Mannigfaltigkeit der gottesdienstlichen Formen, namentlich in Beziehung auf die Ausprägung der Feste und Zeiten hinzukommt, eine mehr gewohnheitsmässige und lässige Ausführung näher legen, sehen wir die englischen Gemeinden bei weitem weniger schlaff und indolent in ihren gottesdientlichen Verrichtungen, als die deutschen, denen doch ausser dem Choralgesange (der denn bisher auch schlecht und schläfrig genug gewesen ist) keinerlei irgend nennenswerthe Aeusserung eigner Thätigkeit zugemuthet wird. Aber eben dieser Mangel an eigner liturgischer Thätigkeit ist es, der die deutschen Gemeinden schwerfällig und schlaff macht und sie das Wenige, was sie zu thun haben, mit Unlust und Unbehaglichkeit ausführen lässt. Was bei Wort und Ton, finden wir auch bei dem dritten Mittel der gottesdienstlichen Darstellung, bei dem Symbole. In Deutschland wird von den Gemeinden doch nur ein Minimum von symbolischen Handlungen und Geberden verlangt, aber wie ungenügend und nachlässig wird dieses Wenige ausgeführt! während in England, wo die Ansprüche an die symbolische Thätigkeit der Gemeinde überaus, ja, wir dürfen sagen, übertrieben gross sind, auch der geringste Theil derselben mit Eifer und Liebe vollführt wird, obwohl dort ein eingehendes Verständniss der gottesdienstlichen Formen und Gebräuche eben so wenig häufig zu sein pflegt, wie in Deutschland, so dass wir die in England herrschende Regsamkeit in allen Richtungen der gottesdienstlichen Gemeindethätigkeit nur aus dieser Thätigkeit selbst ableiten können.

Als eine unmittelbare Folge der so vielfach segensreichen Regsamkeit und Lebendigkeit haben wir an den englischen Gemeinden einen feinen Tact, ein ausgebildetes Zartgefühl für das kirchlich Schickliche zu bewundern, das für die erbauliche und künstlerisch schöne Ausführung der gottesdienstlichen Feier, sowie für manche äussere Einrichtungen und für die äusserliche Ausstattung der Gotteshäuser vom allerwichtigsten Einflusse ist, und das wir in Deutschland leider nur zu häufig zu vermissen haben. Es liegt auf der Hand, dass dieser Sinn für kirchlichen Anstand und kirchliche Würde auf alle Seiten der gottesdienstlichen Thätigkeit veredelnd und erhebend einwirken muss, und die Engländer haben in der That den grössten Theil der im Folgenden zu betrachtenden Vorzüge auf dem Gebiete der musikalischen und symbolischen Ausführung, die dem englischen Gottesdienste zum Theile einen vom deutschen durchaus verschiedenen, und zwar sehr zum Vortheile der englischen Weise verschiedenen Character verleihen, allein der veredelnden Einwirkung des Anstandes und der guten Sitte zu verdanken.

Diese besonderen Verhältnisse müssen wir einer späteren Darlegung vorbehalten, auf einige allgemeinere Punkte können wir jedoch schon hier hinweisen. Der Sinn für kirchlichen Anstand zwingt die Engländer zuerst, zur rechten Zeit zur Kirche zu kommen. Die bedeutende Mehrzahl der Gemeindeglieder versammelt sich während des zweiten Geläutes, das meistens eine Viertelstunde vor dem Anfange der Feier beginnt und fünf Minuten lang zu dauern pflegt; bei dem Beginne des Orgelvorspiels, das überall die Feier einleitet, wo überhaupt das Orgelspiel Verwendung findet, ist die ganze Gemeinde versammelt, und wer erst nach dem wirklichen Beginne der Feier kommt, muss, wenn er nicht sehr auffallen will, in der Nähe des Einganges einen Platz suchen. Es ist diese Sitte ganz allgemein, und die einzige Ausnahme davon, die sich in den Kirchen findet, in denen der Chor an einer unpassenden Stelle eine unpassende Musikleistung, das Anthem einschiebt, wird mit Recht allgemein gerügt, obwohl man noch besser thäte, diesen ungehörigen und auch in anderen Beziehungen schädlichen Kunstgesang zu rügen und zu beseitigen, womit das unzeitige Kommen und Gehen derer, die nur um der Musikaufführung willen die Kirche besuchen, ebenfalls beseitigt sein würde. Dasselbe Anstandsgefühl lässt den Engländer auch den Schluss des Gottesdienstes abwarten, ehe er an's Fortgehen denkt. Die in Deutschland ziemlich allgemein verbreitete Unsitte, dass einzelne eilige Personen oder gar ganze Gesellschaften unmittelbar nach der Predigt, vor dem völligen Schlusse der Feier die Kirche verlassen, ist in England ganz unerhört; vielmehr wartet dort jeder, der überhaupt der Predigt beigewohnt hat, ruhig den Schluss ab, und auch dann findet keinerlei Drängen nach den Ausgängen statt, sondern jeder bleibt an seinem Platze und hört dem Nachspiele der Orgel zu bis die Reihe des Hinausgehens an ihn kommt. Einzelne Glieder freilich pflegen die Kirche vor dem Schlusse zu verlassen, nämlich diejenigen, die aus irgend einem Grunde nur dem ersten Theile der Feier, dem Morning-Prayer beiwohnen; diese aber gehen vor dem Ante-Communion Service und der Predigt, und zwar an einer durchaus angemessenen Stelle, während des ersten Hymnus; es ist das genau dasselbe, als wenn an den Tagen, an denen dem gewöhnlichen Hauptgottesdienste die private Feier des heiligen Abendmahles folgt, die ganze Gemeinde vor dem Beginne dieser Handlung das Gotteshaus verlässt, und ruft weder Störung noch Aergerniss hervor. In Deutschland züchtigt man die störende Unsitte, vor dem Schlusse eines Concertes oder Schauspieles den Saal zu verlassen; aber im Gottesdienste den Segen nicht abzuwarten, findet man kaum zu rügen: und doch ist das Eine nur eine Rücksichtslosigkeit, das Andere aber eine Rohheit.

Wie Sitte und Anstand, so überträgt der Engländer auch den Geschmack und den Comfort der guten Gesellschaft in seinen Gottesdienst. Es ist das zuerst auf die Architectur der Kirchen im Aeussern wie im Innern, auf die künstlerische Anordnung und Verzierung der gottesdienstlichen Stätten und Geräthe von der wesentlichsten Bedeutung, und hat in der That, trotz aller puritanischen Einflüsse, eine besondere Art kirchlicher Baukunst in England sich entwickeln lassen, obwohl das Bedürfniss, das Haus des Herrn und die seinem Dienste geweihten Geräthe würdig auszustatten und zu schmücken, ein allen Völkern und allen Zeiten gemeinsames ist; ferner aber finden wir selbst in kleinen und sonst ärmlichen Kirchen Alles gethan, was der Gemeinde den Aufenthalt im Gotteshause behaglich und angenehm machen kann. Es sind das im Grunde gewiss nur äusserliche und verhältnissmässig unbedeutende Nebendinge, aber sie tragen doch ihr Theil dazu bei, die Stimmung heiliger Ehrfurcht zu erhöhen, die Jeden ergreift, der das Haus des Herrn betritt, abgesehen davon, dass sie als ein Zeugniss von der Liebe und Fürsorge der Gemeinde für den Ort ihrer gottesdienstlichen Zusammenkünfte von Werth sind. In Deutschland bereitet man dem

Herrn zwar ebenfalls eine würdige Stätte und schmückt sie mit dem Besten und Kostbarsten, was man besitzt, in mancher Beziehung sogar noch mehr, wie in England; aber auf das Bedürfniss oder gar die Bequemlichkeit und die Behaglichkeit der Gemeinde wird so wenig Rücksicht genommen, wie möglich. Ein heimathloser Reisender sorgt nicht viel darum, sich eine Wohnung bequem und behaglich einzurichten, wird er doch in wenig Tagen weiter ziehen und vielleicht nie zurückkommen; wenn er aber daran denkt, auszuruhen und sich eine Heimath zu gründen, muss Alles auf das Beste und Wohnlichste ausgestattet sein. Der Engländer ist in seiner Kirche zu Hause; er wohnt mit Weib und Kind mindestens Ein Mal jeden Sonntag dem Gottesdienste bei, nimmt einen regen Antheil an Kirche und Schule, die durch ihn unterhalten werden, und fühlt ein lebendiges Interesse für alle sonstigen Angelegenheiten der Gemeinde, die durch ihn geordnet und geleitet werden: der Engländer ist in seiner Kirche zu Hause, sein Kirchenstuhl bildet in jedem Sinne einen Theil seiner Wohnung. Das ist es, wesshalb wir uns von dem äusseren Comfort in den englischen Kirchen stets so wohlthuend berührt gefühlt haben: die geschmackvollen Gasanlagen, die behagliche Heizung, die weichen Teppiche und die bequemen Sitz- und Kniecepolster sagen uns, dass in den englischen Kirchen nicht allein der Herr wohnt, sondern dass auch die Gemeinde in ihnen zu Hause ist.

Hiermit steht das Institut männlicher und weiblicher Kirchendiener in enger Verbindung. Die Männer pflegen eine Art anschliessenden Talars zu tragen, obwohl sie auch häufig ohne auszeichnende Tracht sind, die Frauen sind einfach schwarz gekleidet. Sie haben im Allgemeinen für die Aufrechterhaltung der Ordnung zu sorgen, öffnen und schliessen die Thüren, sind auch den Kirchgängern in mancher Weise behülflich, namentlich aber haben sie den Fremden Plätze anzuweisen. Da bei weitem die meisten Kirchenstühle vermiethet sind, und die wenigen freien Plätze von den ärmeren Gemeindeangehörigen eingenommen werden, so ist für Fremde nur ein sehr beschränkter Raum vorhanden, und die Kirchendiener können oft mit dem besten Willen nicht Jedem einen Platz anweisen. Leider ist daraus aber ein abscheulicher Missbrauch entstanden, namentlich in grösseren Kirchen kann man oft nicht anders einen guten Platz erhalten, als gegen Bezahlung, so dass Jeder, der nicht im Besitze eines Kirchenstuhles ist und einen guten Platz wünscht oder gar nicht stehen mag, gezwungen ist, einem der Kirchendiener Geld zuzustecken; ja es geht das so weit, dass eine nicht unbedeutende Anzahl von Kirchen und Capellen ein förmliches Eintrittsgeld erhebt und allein von dem Ertrage dieses Eintrittsgeldes und der Kirchenstuhlmiethe unterhalten wird. Da bei den in Deutschland fast ganz allgemein verbreiteten liberaleren Einrichtungen und Anschauungen in dieser Hinsicht der Missbrauch kaum zu befürchten ist, kann das Institut selbst nur empfohlen werden.

II. Liturgisches.

Die verschiedenen Formen des Gottesdienstes.

In Beziehung auf die Verschiedenheit der gottesdienstlichen Formen ist die englische Kirche entfernt nicht so reich, wie die unsrige. Da sie an die Formulare und Rubrics des Prayer-Book fast unlösbar gebunden ist, hat sie ausser der Abendmahlsfeier im Grunde nur zwei verschiedene Formen des Gottesdienstes, die aus Mette und Prim und aus Vesper und Complet entstandenen Morgen- und Abenddienste, und diese sind einander so ähnlich, wie Zwillingsbrüder nur sein können. Sie hat eigentlich keine besondere Form für den sonn- und festtäglichen Hauptgottesdienst, sondern an Sonn- und Festtagen werden dieselben Formulare benutzt, wie an den Wochentagen, und was die Stelle des Hauptgottesdienstes einnimmt, ist nichts als eine sehr lose und zum Theil widernatürliche Aneinanderreihung von vier oder fünf ganz verschiedenen Feiern, die früher, und theilweise auch jetzt noch, getrennt waren und zu verschiedenen Zeiten abgehalten wurden. Die einfachste Form ist das Morning- und Evening-prayer, das an Wochentagen gewöhnlich allein gelesen wird; an einzelnen Wochentagen und namentlich in der Fastenzeit, reiht sich dem Einen oder dem Anderen aber eine Predigt an, und diese Form ist die regelmässige bei den Nachmittags- oder Abendfeiern am Sonntage (eine Predigt zu halten, ohne vorher das Morgen- oder Abendgebet gelesen zu haben, ist unbedingt verboten, nur die Universitäts-Capellen sind von diesem Verbote ausgeschlossen). Die Weise, diese beiden Feiern aneinander zu reihen, ist so einfach wie möglich, Morgen- oder Abendgebet verläuft wie immer, dann singt die Gemeinde ein Lied, dem die mit Gebet eingeleitete und abgeschlossene Predigt mit dem Segen folgt, und damit ist die Feier beendigt. Am Sonntage (der Bestimmung der Rubrics gemäss auch am Mittwoch, Freitag und anderen besonders zu bestimmenden Tagen; die aber ausser in der Fastenzeit oder in puseyitischen Kirchen selten oder nie zur Ausführung kommt) schliesst sich dem Morgengebete die Litanei an, und zwar, wenn wir die Mette allein betrachten, an durchaus passender Stelle; man hat hier sogar eine wirkliche Eingliederung versucht, in der die Litanei sich nur als ein ausgeführtes Fürbittengebet darstellt und in ihrem Schlusse zu der regelmässigen Form des Morgengebetes zurückleitet; in Kathedralen etc. hat man indessen auch an dieser Stelle Sorge getragen, durch die Einschiebung eines liturgisch ganz bedeutungslosen Chorgesanges den Gelenkpunkt recht scharf herauszuheben. Die Litanei ist früher als eine selbstständige Feier behandelt worden, und einige Bischöfe ertheilen auch jetzt wieder die namentlich von der high-church Partei häufig nachgesuchte Erlaubniss, sie im Hauptgottesdienste auszulassen und Nachmittags als eine gesonderte Feier zu lesen.

Der nun folgende Theil des sonntäglichen Hauptgottesdienstes, der durch einen Psalmen- oder Hymnengesang der Gemeinde vom Vorhergegangenen getrennt wird, die Communion, ist aus der Umbildung der römischen Messordnung entstanden. Da aber die Gemeinde der Feier des heiligen Abendmahles niemals beiwohnt, so ist das Ganze in drei scharf geordnete Theile zerfallen, den s. g. Ante-

Communion Service, die Predigt und die Communion. Zwischen Ante-Communion Service und Predigt schiebt sich der zweite Hymnus ein, und die Kanzelhandlungen scheiden sich von der folgenden Abendmahlsfeier dadurch, dass sie mit dem Segenswunsche schliessen und damit die Gemeinde als solche entlassen, wo denn die folgende Communion in jedem Sinne als eine selbstständige Handlung sich darstellt. Den Rubrics gemäss sollte die Gemeinde freilich noch dem Offertorium und dem allgemeinen Fürbittengebete (pro eccles. milit.) nebst einigen Collecten beiwohnen, und der Segen erst nach diesen Stücken, also auch vom Altare aus, statt von der Kanzel herab gesprochen werden, aber es pflegt das leider nur in den Kirchen zu geschehen, die in den vordersten Reihen der high-church Partei stehen, eine Hinneigung zum Puseyismus haben.

In Bezug auf Vielseitigkeit und Mannigfaltigkeit in der Gestaltung des Gottesdienstes (vorerst nur als Ganzes betrachtet) finden wir also von der englischen Kirche nur wenig Gutes zu lernen, es sind meistens nur Warnungen, die uns hier zugerufen werden, und Aufforderungen, den Schatz unserer eignen Kirche zu wahren und zu pflegen; in einer Hinsicht können wir uns aber doch den Vorgang der englischen Kirche zum Muster nehmen, in Beziehung auf die Anzahl der in bei Weitem den meisten Kirchen gehaltenen Feiern nämlich. Täglichen Morgen- und Abendgottesdienst zu halten, ist zwar nichts weniger als allgemein verbreitete Sitte, vielmehr ausser an den dazu besonders berufenen Stellen nur Ausnahme; aber überall ist die Anzahl namentlich der wöchentlichen Feiern weit grösser, als meistens in Deutschland gebräuchlich zu sein pflegt. Der Sonntagsgottesdienste pflegen drei bis vier zu sein, von denen dem eigentlichen (um elf Uhr beginnenden) Hauptgottesdienste mindestens zwei Mal im Monate die Abendmahlsfeier sich anschliesst, obwohl auch hier natürlich Ausnahmen zu finden sind, in denen nur einmal monatlich, oder selbst noch seltener communicirt wird; dagegen giebt es auch viele Kirchen, in denen das Abendmahl sonntäglich, und nicht wenige, in denen es jeden Sonntag mehrere Male, ja täglich gefeiert wird. Die Wochenfeiern beschränken sich meistens auf drei Tage und verlaufen theils mit, theils ohne Predigt. Nur in der Fastenzeit ist die Zahl derselben wesentlich grösser: wo sonst das Morgen- und Abendgebet nur einige Male in der Woche gehalten wird, geschieht es nun täglich, und wo diese Gottesdienste täglich gehalten zu werden pflegen, fügt man noch eine dritte Feier, oder mindestens zwei bis drei Predigten hinzu.

Als ein Beispiel dieses Reichthumes an gottesdienstlichen Feiern lassen wir ein Verzeichniss der Feiern folgen, die in der stillen und der Osterwoche 1862 in einer freilich der äussersten Richtung der high-church Partei angehörenden Kirche (St. Paul's, Brighton) gehalten worden sind:

1. Gottesdienste in der stillen Woche.

Palmsonntag
Communion . . . . 6 : 30; 8 a. m.
Morgengebet, Predigt u. Communion . . 11 „ „
Litanei u. Predigt . . . . 3 : 30 p. m.
Abendgebet u. Predigt . . . . 7 „ „

Montag
Communion . . . . 7; 8 a. m.
Morgengebet u. Communion . . . . . 11 „ „
Abendgebet u. Predigt . . . . . . 7 : 30 p. m.

Dienstag
(wie am Montage).

Mittwoch
Communion . . . . 7; 8 a. m.
Morgengebet u. Communion . . . . . 11 „ „
Litanei . . . . 4 p. m.
Abendgebet u. Predigt . . . . . . 7 : 30 „ „

Donnerstag
(wie am Montage).

Charfreitag
Morgengebet . . . . 9 : 45 a. m.
Morgengebet, Litanei u. Predigt . . . . 11 „ „
Abendgebet u. Predigt . . . . . . 3 : 30 p. m.
Abendgebet u. Predigt . . . . . . 7 „ „

Osterabend
Morgengebet . . . . 11 a. m.
Abendgebet u. Predigt . . . . 9 p. m.

2. Gottesdienste in der Osterwoche.

Ostersonntag
Communion . . . . . . 5 : 30; 6 : 30; 8 a. m.
Morgengebet . . . . 9 : 45 „ „
Morgengebet, Predigt u. Communion . . 11 „ „
Litanei u. Predigt . . . . 7 p. m.

Ostermontag
Communion . . . . 7; 8 a. m.
Morgengebet, Predigt u. Communion . . 9 „ „
Abendgebet u. Predigt . . . . . 7 : 30 p. m.

Osterdienstag
Communion . . . . 7; 8 a. m.
Morgengebet, Predigt u. Communion . . 11 „ „
Abendgebet u. Predigt . . . . . . 7 : 30 p. m.

Mittwoch
Communion . . . . 7; 8 a. m.
Morgengebet . . . . 11 „ „
Litanei . . . . 4 p. m.
Abendgebet . . . . 7 : 30 „ „

Donnerstag
Communion . . . . 7 : 30; 10 a. m.
Morgengebet . . . . 11 „ „
Abendgebet . . . . 7 : 30 p. m.

Freitag (St. Marcus)
Communion . . . . 7; 8 a. m.
Morgengebet, Predigt u. Communion . . 11 „ „
Litanei . . . . 4 p. m.
Abendgebet u. Predigt . . . . . . 7 : 30 „ „

Sonnabend
Communion . . . . 7; 8 a. m.
Morgengebet . . . . 11 „ „
Abendgebet . . . . 7 : 30 p. m.

Die liturgische Anordnung.

Wie die Weise, in der die englische Kirche die verschiedenen Formen und Arten des Gottesdienstes im Allgemeinen bildete, so bietet auch ihr Weg, diese verschiedenen Formen im Besonderen auszugestalten, zu ordnen und zu gliedern, nur wenig für uns Bemerkenswerthes dar. Die englische Kirche hat die Gabe nicht besessen, das überkommene Material nach den Gesetzen der organischen und künstlerischen Gestaltung zu gruppiren und zu vertheilen, sie hat die Bedeutung und das Wesen von Haupt- und Nebengottesdiensten nicht klar erfasst, aus dem der gegebene Stoff sich fast unwillkürlich und nothwendig zu wesentlich verschiedenen Formen der gottesdienstlichen Darstellung gestalten muss, und hat doch in einer dunkeln Ahnung dieses Wesens, das im Hauptgottesdienste alle, in den Nebenfeiern nur einzelne Seiten der Darstellung zur Ausprägung, und damit nur einzelne Theile des vorhandenen Materials zur Verwendung gelangen lässt, einen Versuch gemacht, im sonntäglichen Hauptgottesdienste die Feier am Worte und am Sacramente zu vereinigen und mit den Acten der Anbetung zu einem Ganzen zu verbinden: aber sie hat nur eine bloss äussere Aneinanderreihung verschiedener Momente zu Stande bringen können, die nicht nach organischen Gesetzen geordnet, nur durch äussere Mittel vom Zerfallen bewahrt wird, und die um so weniger genügend ist, je mehr sie sich von dem Vorbilde der alten und der römischen Kirche entfernt, denen die Gabe einer künstlerischen Gestaltung des gottesdienstlichen Materials in hohem Grade verliehen war. Dieses Talent, einen gegebenen Stoff künstlerisch-schöpferisch zu bilden, fehlt der englischen Kirche in diesem Augenblicke noch eben so sehr, wie früher: sie zeigt in der Bewegung der Gegenwart für die Umgestaltung ihrer Liturgie eben so wenig Geschick und eben so wenig Sinn für eine organisch und künstlerisch durchgebildete Anordnung des Gottesdienstes, wie in der Reformationszeit. Die einfachsten Formen der Feiern sind nicht allein in Beziehung auf die allgemeine Disposition des Stoffes und dessen Gliederung zu den verschiedenen Formen des Gottesdienstes, sondern auch in Rücksicht auf die innere Anordnung der besonderen und einzelnen Stücke die vorzüglichsten, da man in ihnen nur an solchen Stellen von den Mustern der katholischen Ordnung abgewichen ist, an denen eine Aenderung unbedingt geboten war; die Metten und Vespern, die Litanei und die Communion sind demgemäss, für sich allein betrachtet, in Rücksicht auf die liturgische Vertheilung des Stoffes, auf die Reihenfolge der liturgischen Stücke in grösseren Verhältnissen ziemlich wohl geordnet, obgleich sich auch hier allerlei Mängel und Ungeschicklichkeiten eingeschlichen haben, und namentlich gegen die Einzelnheiten der Ausführung Mancherlei einzuwenden ist. Wo aber alle diese verschiedenen Formen durchaus unverändert neben einander gestellt werden, um den sonntäglichen Hauptgottesdienst zu bilden, da kann natürlich von einer psychologisch-gesetzmässigen Ordnung und Entwickelung der gottesdienstlichen Darstellung nicht die Rede sein; diese Form ist an sich schon ein Unding, aber sie hat eine noch ungeheuerlichere Gestalt annehmen müssen, als man ihr (als Ante-Communion Service) die ganze römische Vormesse mit Vater unser und Collecte als Introitus, mit Dekalog (und angehängtem Gebete für die Königin) als Kyrie (während das Gloria in excelsis der Complet in der Feier des Sacramentes vorbehalten wurde) einschob.

Wenn wir etwas aus der Anordnung des Gottesdienstes in der englischen Kirche Empfehlenswerthes hervorheben sollen, so kann es allein die dort allerdings in jeder Hinsicht sehr reichliche und ausgebildete Verwendung des

Schriftwortes sein, obwohl die Bestimmungen über die lectio continua, namentlich in Betreff der Fest- und Feiertage, nichts weniger als zufriedenstellend sind, obwohl die englische Perikopenordnung in einem noch ungeordneteren und weniger befriedigenden Zustande sich befindet, als unsere eigne, und obwohl wir nicht einsehen, wesshalb in einer evangelischen Kirche die Psalmen des alten Bundes einen so ungeheuren Vorzug vor den sämmtlichen übrigen Schriften alten und neuen Testamentes verdienen, dass sie im Laufe eines Jahres zwölf Mal vollständig verlesen werden müssen, wo die übrigen Schriften des alten Testamentes nur ein Mal, und das neue Testament nur drei Mal jährlich zur Verlesung kommt. Im Uebrigen ist die Verwendung der gottesdienstlichen Darstellungsmittel in Wort, Ton und Symbol eben so wenig mannigfach und reich geordnet und gegliedert, wie der Gottesdienst selbst, doch findet wenigstens in Beziehung auf die musikalische und symbolische Ausgestaltung eine vielfache Verschiedenheit statt, die sich indessen leider nicht an die Sache, sondern nur an die kirchliche Parteistellung der einzelnen Gemeinden anschliesst, so dass auf der einen Seite der Entfaltung des musikalischen Elementes ein übermässiger Raum gestattet, und der Gottesdienst mit Symbolen überladen wird, während auf der anderen Seite die äusserste Armuth und Nüchternheit herrscht; diese Verhältnisse werden aber im Folgenden noch eine besondere Betrachtung finden.

Das Kirchenjahr.

Was endlich die Mannigfaltigkeit des englischen Gottesdienstes in Bezug auf die Ausprägung der kirchlichen Zeiten und Feste anbelangt, so begegnen wir darin nur dem tiefsten und allgemeinsten Verfalle und es ist in dieser Beziehung vielleicht mehr noch, wie in Rücksicht auf die liturgische Anordnung und Gliederung des Gottesdienstes an der englischen Kirche, von uns zu lernen. In den englischen Kalendern freilich erscheint das Kirchenjahr so reich und ausgeführt wie möglich, es enthält nicht allein die in der christlichen Kirche allgemein gefeierten Feste, und sogar noch einige mehr, weist nicht allein den Aposteln und Evangelisten besondere Feiertage, und Engeln, Märtyrern und Heiligen Collectivfeiern an, sondern hat sogar eine Reihe von rein katholischen Heiligentagen beibehalten (die wegen ihrer apokryphischen Lectionen schon so viel Aergerniss gegeben haben); es verlangt an den Vorabenden der Fest- und Feiertage, in der Fastenzeit, an allen Freitagen im Jahre und noch einigen andern Tagen Fasten, und bringt auch die gewöhnliche Gliederung des Jahres in heilige Zeiten zu deutlicher Ausprägung. Aber die Feste werden nicht gefeiert, die Feiertage werden nicht begangen, die Fasten werden nicht gehalten und die Kirchenzeiten sind eine vergessene Einrichtung. Im Volksbewusstsein wirklich und allgemein lebendig ist an Festtagen nur der Charfreitag und vielleicht Weihnachten, an Zeiten allein die Fastenzeit; und selbst am Charfreitage, dem höchsten Festtage im Jahre, gehen alle bürgerlichen Handthierungen und Geschäfte ihren gewöhnlichen Weg, alle möglichen Volksbelustigungen, Boxen, Wettrennen und andere Sports werden während der Kirchenzeit sowohl, wie den ganzen Tag lang abgehalten, wenn die durchschnittliche Zahl von Besuchern des Crystallpalastes um diese Jahreszeit vielleicht 3—4000 ist, so kommen am Charfreitage allein zu diesem einzigen Vergnügungsorte Londons 30,000 Menschen, die sich einen Feiertag machen wollen, und in den übrigen öffentlichen Belustigungsorten findet man dasselbe Verhältniss.

Es geht daraus zur Genüge hervor, dass die Engländer keine Ahnung von der ernsten und stillen Sammlung haben, mit welcher der Charfreitag und die ganze stille Woche in Deutschland allgemein gefeiert wird, sondern dass sie ihn völlig so begehen, wie man bei uns die zweiten oder dritten Feiertage der hohen Feste zu begehen pflegt. Dasselbe ist beim Weihnachtsfeste der Fall, wenn es nicht etwa auf einen Sonntag fällt; es wird natürlich von der Kirche gefeiert (obwohl nicht als eins der hohen Feste), aber der Verkehr des bürgerlichen Lebens feiert nicht, obwohl man die Häuser mit Holly und Mistletoe schmückt und Abends Plum-Pudding und Roast-beef isst, (wie man am Charfreitage und Aschermittwoch gesalzenen Fisch zu essen pflegt). Von den übrigen Festen ist im bürgerlichen Leben kaum mehr zu bemerken, als dass am Himmelfahrtstage die Börse, die Gerichtshöfe etc. geschlossen sind, und das Parlament sich vertagt, das übrigens zu den Wettrennen bei Epsom dasselbe thut. Davon sind Ostern und Pfingsten indessen ausgenommen, die stets auf einen Sonntag fallen, doch ist die strenge Feier dieser Tage nicht dem Feste, sondern nur dem Sonntage zuzuschreiben; denn obwohl die Kirche das Oster- und Pfingstfest an drei Tagen feiert, so begeht man den zweiten oder dritten dieser Tage doch nur dann (und zwar bloss lokal) auch im bürgerlichen Leben als einen Feiertag, wenn irgend ein nationaler Sport, ein grosses Wettrennen oder eine Volunteer-Review in der Nähe abgehalten wird. Der grosse Festtag der Engländer ist der Sonntag; am Sonntage wird die Sabbathordnung mit der äussersten Strenge und Gewissenshaftigkeit gehandhabt und gehalten, an anderen Tagen nie oder nur in sehr beschränktem Umfange, und so ist es denn wirklich die höchste Ehre, die der Engländer einem Festtage anthun kann, wenn er vom Charfreitage sagt, dass er beinahe wie ein Sonntag gehalten werde.

Das Bewusstsein von der Gliederung des Kirchenjahres in heilige Zeiten ist vollständig verwischt, nur die Fastenzeit hat in so fern einige Bedeutung behalten, als man ihren Eintritt allgemein feiert, und während derselben häufiger zur Kirche und zur Communion geht. Von den Fasten endlich lässt sich gar nichts sagen, sie werden höchstens noch von einzelnen Schulinhabern eingehalten, welche die Gelegenheit benutzen, ihren Schülern eine noch schmalere Kost als gewöhnlich vorzusetzen.

Die Kirche sucht zwar seit langer Zeit schon diesem Zustande entgegen zu arbeiten, die Bedeutung der Feste und Zeiten dem Volksbewusstsein wieder näher zu bringen, aber vergebens. Man erklärt diese Dinge für schädliche und gefährliche Ueberreste aus den Zeiten des Katholicismus, beschuldigt die Geistlichen, die sich um ihre Wiedereinführung bemühen, ohne Weiteres des romanisirenden Puseyismus und glaubt ganz England schon in der Gewalt des römischen Stuhles, wenn davon die Rede ist, einen Festtag wie einen Sonntag zu halten. Es ist eine Reihe von vortrefflichen gelehrten und populären Schriften erschienen, die ausschliesslich die Aufgabe haben, nachzuweisen, dass das Begehen von Fest- und Feiertagen kein Papismus, sondern eine rein christliche und evangelische Sitte sei, es wird auf den Kanzeln darüber gepredigt und in den Schulen darüber gelehrt, aber vergebens: das Volk hält es für katholisch, und so muss es wohl katholisch sein. In dieser Beziehung stehen die Deutschen auf einem vorurtheilsloserem Standpunkte, man würde in Deutschland gewiss Jeden auslachen, der die Behauptung aufstellen wollte, die kirchliche und bürgerliche Feier der christlichen Feste und Feiertage sei ein katholischer Missbrauch, und müsse zum Katholicismus zurückführen.

Wir dürfen uns aber nicht verhehlen, dass die englische Kirche an diesen beklagenswerthen Verhältnissen zum grossen Theile selbst die Schuld trägt. Das unverantwortliche Betragen der Savoy-Conferenz (1662) gegen die Puritanen, deren Beschwerden und Wünsche geradezu mit Füssen getreten wurden, hat sich schon mannigfach gerächt, und rächt sich auch hier: das Beibehalten der abergläubischen und sinnlosen Heiligentage und Fasttage hat auch die reinen und biblischen Feste und Feiertage in Misscredit gebracht, und die puritanische Heilighaltung des Sabbaths hat das Ihrige gethan, sie völlig in Verachtung und Vergessenheit fallen zu lassen. Hier, wie in vielen andern Punkten, ist es wahrlich an der Zeit, einen durchgreifenden Wandel zum Besseren zu schaffen; aber da begegnen wir einem anderen wunden Flecke, in dem das Vorgehen der Kirche, oder doch der Geistlichheit, ein strenger Tadel trifft. Man ist in neuerer Zeit bei der Wiederbelebung der kirchlichen Feste und Zeiten, wie der gottesdienstlichen Sitte überhaupt, in so hochmüthiger, rücksichtsloser und eigensinniger Weise zu Werke gegangen, hat mit dem Lebensfähigen und Nützlichen so viel abgestorbenes, nutzloses und ärgerliches Beiwerk wieder hervorgesucht, dass die Regenerationsbestrebungen weit mehr geschadet als genützt haben; dazu kommt, dass diese Bestrebungen von der äussersten Partei der Kirche, den Tractarians, in die Hand genommen wurden, von denen ein bedeutender Theil thatsächlich in den Schooss der römischen Kirche zurückgefallen ist, so dass die ganze Bewegung statt Nutzen und Segen nur Scandal im Gefolge gehabt hat. Doch darf man mit dieser Puseyiten-Bewegung um Alles nicht die Bewegung der Gegenwart für eine Umgestaltung des Prayer-Book und der Canons verwechseln, die von einem ganz anderen Standpunkte ausgeht, und mit durchaus verschiedenen Mitteln einem durchaus verschiedenen Ziele zustrebt.

Die Weise der liturgischen Ausprägung von Festen und Zeiten in der englischen Kirche ist sehr ungenügend, und somit die Mannigfaltigkeit der Feiern auch nach dieser Seite hin höchst gering und ärmlich. Die Kirchenzeiten kommen liturgisch eigentlich gar nicht zur Ausprägung; wenn nicht die Collecten, Episteln und Evangelien wären, die wenigstens in den meisten Fällen eine wenn auch nur entfernte Hinweisung auf die Zeit enthalten, so würde sich das englische Kirchenjahr lediglich als eine Reihe von zusammenhangslosen Sonntags- und Wochenfeiern darstellen, bisweilen durch eine Festfeier unterbrochen, die aber ebenfalls wesentlich nur in diesen Stücken zur liturgischen Ausprägung gelangt. Einige symbolische und musikalische Auszeichnungen finden sich indessen wenigstens in der Fastenzeit, in welcher namentlich das Orgelspiel zu unterbleiben oder doch bedeutend beschränkt zu werden pflegt. Wirkliche liturgische Auszeichnungen der Fest- und Feiertage sind nur darin angeordnet, dass Ostern und Pfingsten drei Tage lang gefeiert werden, dass sechzehn von diesen Tagen eine Vigilie vorausgeht (die sich aber ihrerseits ausschliesslich durch die Collecte des folgenden Tages von dem gewöhnlichen Abendgottesdienste unterscheidet), dass an dreizehn Tagen das athanasianische statt des apostolischen Glaubensbekenntnisses gesprochen wird, dass für sämmtliche Fest- und Feiertage statt der fortlaufenden Schrift- und Psalmenlesungen Proper Lessons ausgewählt sind, die sich indessen häufig als sehr improper erweisen, und dass am Ostertage statt des gewöhnlichen Invitatorium (Ps. 95) eine Reihe besonders zusammengestellter Schriftworte gesungen wird; dazu kommt noch ein zur Feier der Thronbesteigung besonders entworfenes Formular (die drei übrigen Order-in-Council oder State Services sind seit 1858 beseitigt) und die Anknüpfung an fünf der Hauptfeste in der Präfation, die aber kaum hierher gezählt werden kann, da die Abendmahlsfeier in England dem Gemeindegottesdienste nicht zugehört. Das ist Alles; und wie ungenügend das bei dem oft so weit auseinanderliegenden Charakter der verschiedenen Feiern ist, bedarf keines Nachweises.

Die Puseyiten suchen diesem Mangel nun durch allerlei äussere Mittel abzuhelfen; die musikalische Kunst muss ihr Aeusserstes aufbieten, um den Festcharakter auszuprägen und die Feststimmung hervorzurufen, namentlich aber wird die Kunst des Symboles zu diesem Zwecke förmlich gemissbraucht, und natürlich dient das der Gemeinde weit mehr zum Aergerniss, als zur Erbauung. Das Gotteshaus an den Freudenfesten mit Blumen und Kränzen auszuschmücken, ist eine schöne und liebliche Sitte, die selbst von den low-church men gebilligt und selbst in Kirchen der low-church Partei geübt wird. Aber wenn in der stillen Woche der Chor schwarz ausgeschlagen, der Altar wie ein Sarg hergerichtet und mit Kandelabern und brennenden Kerzen umstellt wird, wenn am Osterfeste die schwarze Bekleidung dieser Theile durch bunten Flitter ersetzt wird, aus dem Sarge ein haushohes goldenes Kreuz sich erhebt und der ganze Chor von Gold und Glanz flimmert, und wenn endlich zum Beginne der Feier Chorknaben und Geistlichkeit in ihren weissen Kleidern, einen Hymnus singend, in langer Procession durch die Kirche ziehen, so heisst das doch dem protestantischen Bewusstsein des englischen Volkes geradezu ins Gesicht schlagen, und giebt uns eine Erklärung darüber, woher so viele Dinge in der Kirche von England wurmstichig und faul sind.

Die liturgische Ausführung.

Wir haben noch einen letzten Punkt in den liturgischen Verhältnissen der englischen Kirche zu betrachten, von dem wir nur auf indirectem oder negativem Wege Nutzen ziehen und lernen können: er betrifft die verschiedenen Weisen, in denen die liturgischen Stücke zur Ausführung kommen. Da wir den musikalischen Verhältnissen einen besonderen Abschnitt widmen, so haben wir hier nur die Weisen der Ausführung zu betrachten, welche die Hülfe des musikalischen Elementes nicht in Anspruch nehmen, die Ausführungsweisen durch das bloss gesprochene Wort also, und das Einzige, was darin für unsere vorliegende Aufgabe von Bedeutung sein kann, ist das Zusammensprechen des Geistlichen und der Gemeinde bei einer, und das zwischen diese beiden Glieder getheilte, responsorische Sprechen bei einer anderen Reihe von liturgischen Stücken.

Beide Weisen sind in der englischen Kirche sehr gewöhnlich, sie können sogar die gewöhnlichen Ausführungsweisen genannt werden, da sie bei weitem häufiger Verwendung finden, als die in den meisten Fällen ebenfalls gestattete gesangweise Ausführung. Der Gesang dieser Stücke ist indessen gleichfalls sehr häufig, nur nicht in der grossen Masse der Kirchen und bei der grossen Masse des Volkes, bei denen wohl das eine oder das andere Stück gesungen wird, aber nicht die überwiegende Mehrzahl oder die Gesammtheit derselben. Es geschieht das nur in den Kirchen der strengeren oder strengsten Richtung, und auch dort sind noch mannigfache Abstufungen und Verschiedenheiten zu finden, die dasselbe Stück hier sprechen und dort singen lassen, die hier allen liturgischen Personen die gesangweise Ausführung zuweisen, dort nur der Einen oder der Anderen. Wenn wir zuerst das Zusammensprechen des Geistlichen und der Gemeinde betrachten, das in der Beichte, im Glaubensbekenntnisse (das Symb. Athanas. pflegt indessen responsorisch gesprochen zu werden), im Vater unser, in einigen Theilen der Litanei (wo es aber ein blosses Nachsprechen, nicht ein eigentliches Zusammensprechen ist), am Schlusse der Präfation und im Gloria in excelsis der Abendmahlsfeier angewendet wird, so geschieht es in der Weise, dass der Geistliche die kurzen, im Drucke durch grosse Anfangsbuchstaben hervorgehobenen Sätze zu sprechen beginnt und die Gemeinde, ohne den Schluss des Satzes abzuwarten, meistens schon nach dem zweiten Worte des Geistlichen sie nachspricht; zwischen den einzelnen Sätzen macht der Geistliche eine kurze Pause, um die Gemeinde ihren Satz aussprechen zu lassen, und die Gemeinde thut ihrerseits dasselbe, um dem Geistlichen Zeit zu geben, den nächsten Satz allein zu beginnen. In dieser Weise werden die Stücke ausgeführt, wenn die Ausführung so vollkommen wie möglich ist; wenn wir aber von dem Eindrucke sprechen sollen, den selbst diese beste Weise der Ausführung auf einen unpartheiischen und vorurtheilsfreien Zuhörer macht, so können wir nicht anders, als versichern, dass er in den meisten Fällen ein nicht allein nicht erbaulicher, sondern geradezu widerwärtiger ist: es liegt im Wesen der Sache, dass die Gemeinde stets in ein zu rasches Sprechen geräth, selbst wenn sie im Anfange durch äussere Mittel, durch ein ruhiges und würdiges Sprechen des Geistlichen und des Clerk (dem die Leitung der Gemeindethätigkeit in allen Stücken obliegt) im Zaume gehalten wäre, so dass das Ganze ein blosses Ableiern der bedeutsamsten gottesdienstlichen Stücke ist. Gar entsetzlich aber wird der Eindruck, wenn die Ausführung nicht völlig gut ist (was natürlich häufig genug vorkommt), wo denn die Gemeinde sich nicht im geringsten um die Einsätze des Geistlichen und des Clerk kümmert, sondern bis zu Ende ruhig ihren eignen Weg geht, und wo die einzelnen Gemeindeglieder sich nicht im geringsten um einander kümmern, so dass man nicht nur drei verschiedene Stücke zu gleicher Zeit hört, die Worte des Geistlichen, des Clerk und der Gemeinde, sondern dass die Gemeinde selbst wieder in hundert verschiedenen Stimmen und Sylben wirr durcheinander spricht. Dazu kommt, dass die Gemeinde unwillkührlich um so lauter und eifriger spricht, je weniger sie von sich selbst und vom Geistlichen hört, je weniger überhaupt Ordnung herrscht, und dass Geistlicher und Clerk dabei eben so unwillkührlich lauter und eifriger sprechen, woraus denn zuletzt ein wirklich betäubendes Gewirre und Getöse entsteht, bei dem natürlich von Erbaulichkeit keine Rede sein kann. Sei die Ausführung gut oder schlecht, in jedem Falle ist das Zusammensprechen die roheste Form der gottesdienstlichen Darstellung, die vor dreihundert Jahren vielleicht an ihrem Platze war, wo es vor Allem darauf ankam, jede Gelegenheit zu benutzen, um gegen das hierarchische Element im katholischen Gottesdienste Front zu machen; in der Gegenwart aber ist ihre Rohheit abstossend. Theoretisch kann ja nicht das Geringste gegen ihre Benutzung eingewendet werden, es ist sogar auf das Tiefste zu beklagen, dass nicht wenigstens Vater unser und Glaubensbekenntniss in ihrer ursprünglichen Gestalt der Ausführung der Gemeinde zugewiesen werden können; aber der Schaden des blossen Plapperns gerade bei diesen Stücken ist doch zu gross, als dass man es im Gemeindegottesdienste wagen dürfte, während man sie in den kleineren Kreisen der Familienandacht unbedenklich und mit dem erwünschtesten Erfolge auch in Deutschland wird sprechen lassen können. Bei den Stücken aus der Abendmahlsfeier ist aber das Zusammensprechen nicht einmal theoretisch wünschenswerth, und man macht sich kaum eine Vorstellung davon, wie matt und nüchtern es klingt, und wie niederschlagend es auf alle Andacht und Erhebung einwirkt, wenn in der Feier des heiligen Abendmahles das Trishagion und Gloria in excelsis mit Laudamus te in dieser Weise gesprochen wird.

Mit dem responsorischen Sprechen verhält es sich nicht viel besser. Die Stücke, die in dieser Weise ausgeführt werden, sind namentlich die Cantica und Psalmen, die Versikeln, die Litanei und die zehn Gebote. So angemessen nun die responsorische Ausführung bei den drei letzten dieser Stücke ist, so wenig ist sie es bei den Psalmen des alten und neuen Testamentes. Wir vermögen wenigstens keinen Grund aufzufinden, der diese Weise der Ausführung veranlasste oder rechtfertigte; in den Stücken selbst ist keinerlei derartiges Motiv zu entdecken, und die einzig mögliche Begründung, die Hinweisung auf die Sitte der alten Kirche und des jüdischen Tempeldienstes ist hier nicht zulässig, da die Psalmen eben nicht nach ihren Hemistichen gegliedert werden, sondern Geistlicher und Gemeinde sie Vers um Vers wechselnd lesen. Man könnte noch die Rücksicht anführen, die Gemeinde so viel wie immer möglich an der Ausführung der gottesdienstlichen Stücke Theil nehmen zu lassen, aber dann hätte man Schriftlesungen, Episteln und Evangelien in derselben Weise gliedern müssen, bei denen man sich doch mit der einfachen Lesung begnügt hat. Die responsorische Gliederung der Cantica und Psalmen, wie sie in der englischen Weise des blossen Sprechens verwendet wird, ist eine rein willkührliche, und desshalb unnütze, wenn nicht schädliche Einrichtung. Zudem ist das Zusammensprechen der Gemeinde allein, ohne Betheiligung des Geistlichen, von ganz denselben Unzuträglichkeiten begleitet, wie das Zusammensprechen der Gemeinde mit dem Geistlichen; namentlich wenn die Verse länger als gewöhnlich sind, ist die Ausführung so unerbaulich und schlecht wie möglich, und befördert um so mehr ein bloss gedankenloses Ablesen, als weder Geistlicher noch Gemeinde Rücksicht auf einander nehmen, und einen neuen Vers beginnen, ohne das Ende des vorhergehenden abzuwarten: woraus klar genug hervorgeht, dass beide Theile nur den ihnen zufallenden Versen Aufmerksamkeit schenken und dass demgemäss das Ganze eine rein äusserliche und mechanische Thätigkeit ist, bei der Alles eher erreicht wird, als ein geistiges Erfassen und andächtiges Insichaufnehmen des Gelesenen.

Bei den übrigen dieser Art der Ausführung zugewiesenen Stücken sind die Bedenken allerdings weniger entscheidend; die responsorische Gliederung ist wohl begründet, und da die Gemeinderesponsen im Allgemeinen weniger lang sind, ist das blosse Sprechen weniger störend. Gleichwohl geben wir der gesangweisen Ausführung auch bei diesen Stücken unbedingt den Vorzug (die auch bei diesen Stücken gerade besonders häufig zur Verwendung kommt), und um so mehr, als alle die Responsen, die durch eine Verkürzung für das blosse Sprechen angemessener gemacht werden können, durch solche Verkürzung im Gesange noch weit mehr gewinnen würden.

Man hat das Zusammensprechen der Gemeinde theils mit, theils ohne die Betheiligung des Geistlichen auch der deutschen Kirche anempfohlen, aber nach den in England gemachten Beobachtungen und Erfahrungen können wir nicht dringend genug davor warnen, dieser Sitte in nur irgend ausgedehnter Weise bei uns Eingang zu verschaffen. Wenn man sich für das Zusammensprechen auch auf Vater unser und Glaubensbekenntniss beschränkt, und das responsorische Sprechen nur in der Litanei und in einigen anderen kurzen Responsen angewandt wissen will, obwohl man gerade für die Cantica und Psalmen der Nebengottesdienste auf den englischen Gebrauch hingewiesen hat, so ist das doch schon bei weitem zu viel. Für Vater unser und Glaubensbekenntniss haben wir so viele mehr oder weniger reiche liturgische Formen, dass wir des Zusammensprechens und seiner, zum mindesten gesagt, unsicheren und zweifelhaften Erbaulichkeit wohl entrathen können, zumal wir das Glaubensbekenntniss der Gemeinde jederzeit in Liedform zuweisen können; die responsorische Ausführung der Cantica und Psalmen müssen wir unter allen Umständen für eine liturgische Ungeschicklichkeit halten, ausser der blossen Verlesung, etwa mit Doxologie der Gemeinde, hat allein die antiphonische Gesangweise derselben eine Berechtigung in unserer Kirche, und man mag diese für die Cantica benutzen; die Psalmen aber, wo sie nicht als Introiten sich darstellen, begnüge man sich zu lesen, wenn man nicht eine der englischen ähnliche Weise des Psalmengesanges zur Einführung bringen will, was wir übrigens im Folgenden sehr dringend empfehlen werden.

Gegen das blosse Sprechen der Gemeinderesponsen in den Versikeln und der Litanei, so wie einigen anderen ganz kurzen Antworten würde freilich nicht viel einzuwenden sein, wenn wir nicht in dem Gesange eine Ausführungsweise für sie hätten, die in bei weitem den meisten Fällen angemessener ist und den ganz wesentlichen Vorzug hat, kirchenüblich und zum grossen Theile noch heutigen Tages der Gemeinde geläufig und lieb zu sein. Dabei verkennen wir jedoch keineswegs die Ausdrucksfähigkeit, die bei besonderen Veranlassungen gerade dem bloss gesprochenen Worte inwohnt, und wir wünschen dringend, dass diese Ausführungsweise überall zur Verwendung gelange, wo sie ihre Ausdrucksfähigkeit zur Entfaltung bringen kann: das setzt aber voraus, dass es an den rechten Stellen und in der rechten Weise geschehe. Wenn wir den Ursachen nachforschen, die im deutschen Gottesdienste das gesprochene Wort fast vollständig durch den Gesang haben verdrängen lassen, und dabei von dem einzigen Stücke uns Raths erholen, bei dem in unserem Gottesdienste das blosse Sprechen in allgemeiner Uebung steht, von der Beichthandlung nämlich, so müssen wir erkennen, dass die beiden Weisen der liturgischen Ausführung von Seiten der Gemeinde eine wesentlich verschiedene Bedeutung haben. Das gesungene Wort ist das eigentliche Ausdrucksmittel der Gemeinde; überall, wo die Gemeinde als solche spricht, singt sie, wo aber die Subjectivität oder Individualität des einzelnen Gemeindegliedes wesentlich oder ausdrücklich in Betracht kommt und in hervorragender Weise in Anspruch genommen wird, da ist das bloss gesprochene Wort das angemessenste Ausdrucksmittel, das in zwei verschiedenen Weisen sich äussern kann, entweder im stillen Gebete oder im laut gesprochenen Worte. Der flüchtigste Blick auf die Stellen, in denen beim Gemeindegottesdienste dem stillen Gebete ein Raum gelassen ist, zeigt die Richtigkeit dieser Auffassungsweise, und auch das in der Beichte von jedem Einzelnen laut gesprochene „Ja", das jeder nicht als ein Glied der Gemeinde, sondern eben als einzelner Mensch dem Diener Gottes antwortet, spricht so unzweideutig dafür, dass es keines weiteren Nachweises bedarf. Die Frage ist ferner nur die, ob in dem Kreise der gottesdienstlichen Darstellungen nicht noch andere Stellen sich finden, die eine gleiche Bedeutung tragen, und in denen also das bloss gesprochene Wort ebenfalls das angemessenste Ausdrucksmittel sein würde. Dass der gewöhnliche Gemeindegottesdienst solche Stellen nicht bieten wird, muss schon die bloss theoretische Betrachtung ergeben, schon der Name sagt, dass es hauptsächlich die Gemeinde als solche ist, die dort ihren Gottesdienst feiert. In der Feier des heiligen Abendmahles dagegen, und namentlich in der ihr vorausgehenden Beichte, so wie am Charfreitage und Busstage, scheint an einzelnen Stellen das blosse Sprechen der Gemeinde durchaus an seinem Platze, wenn nicht geradezu gefordert zu sein. Wenn die Beichtenden in der eigentlichen Beichte die an sie gestellten Fragen mit einem lauten „Ja" beantworten, so ist es durchaus naturgemäss, dass sie auch die jedem Einzelnen ertheilte Absolution mit einem laut gesprochenen „Amen" sich aneignen, ja, wir würden auch das folgende Danksagungsgebet mit einem gesprochenen Amen abschliessen, und in diesem einzigen Falle selbst das ganze Vater unser von den Beichtenden nachsprechen lassen, so dass erst im Schlusse der Feier die Bedeutung der Einzelnen als Gemeindeglieder wieder in den Vordergrund träte, die als solche das Schlusslied zu singen hätten. Die Acte der Sündenreinigung am Charfreitage und Busstage sind der eigentlichen Beichte durchaus entsprechend, und wo demgemäss an diesen Stellen eine wirkliche Absolution ertheilt wird, muss die Gemeinde das „Ja" der Beichte und das „Amen" der Absolution sprechen; weitere Stücke sind hier aber nicht sprechend auszuführen, da die momentan hervorgetretene Bedeutung des Individuellen durch das folgende Gloria in excelsis unmittelbar und sehr passend wieder zu der Bedeutung des Gemeindlichen sich erst erweitert und endlich verliert. In der Feier des heiligen Abendmahles erhält die Einzelbedeutung ein wesentliches Uebergewicht nur in der Darreichung, in welcher die Communicanten die beiden Amen nach den Darreichungssprüchen unbedingt sprechen sollten. Auf diese Stücke aber müsste, unserer Meinung nach, das Sprechen der Gemeinde im Gottesdienste beschränkt bleiben, da es ein zu tief die innerste Individualität des Einzelnen ergreifendes Mittel ist, als dass es nicht durch häufigeren Gebrauch abgestumpft werden und schädlich wirken müsste; bei so beschränkter Verwendung aber wird es alle seine Kraft bewahren und den reichsten Segen stiften.

III. Musikalisches.

Die Verwendung der gottesdienstlichen Musik.

Die Tonkunst hat im englischen Gottesdienste dieselbe Bedeutung, wie in der gottesdienstlichen Feier der deutschen Kirche: sie hat die Aufgabe, die Darstellungsfähigkeit des liturgischen Wortes zu erhöhen oder zu ersetzen. In einer Reihe von liturgischen Stücken ist diese Ausdrucksfähigkeit des Wortes so gross und weit, dass sie einer Steigerung durch die Tonkunst sich völlig entzieht, oder doch derselben keineswegs bedürftig ist, so dass in ihnen die Tonkunst nicht als ein wirkliches und selbstthätiges Mittel der gottesdienstlichen Darstellung, sondern nur als eine bloss äusserliche Verstärkung des Wortausdruckes erscheint; in einer anderen Reihe theilen sich Wort und Ton in die darstellende Thätigkeit, ergänzen sich gegenseitig, aber beschränken einander auch gegenseitig, und in einer dritten Reihe endlich übernimmt der Ton den hauptsächlichsten Theil der Darstellung, da dort die Ausdrucksfähigkeit des Wortes sich als durchaus ungenügend erweist. Jede hieraus entstandene Art des gottesdienstlichen Gesanges kann sich wieder in verschiedene Unterabtheilungen gliedern, die an die Gliederung des darstellenden Subjectes sich anschliessen und eine andere Gestalt annehmen und veränderten Gesetzen folgen, wenn sie der Ausführung des Geistlichen, der Gemeinde oder des Chores, oder endlich verschiedenen dieser Glieder gemeinschaftlich zugewiesen sind.

Bei irgend geordneten und abgeschlossenen liturgischen Verhältnissen müssten aus diesen Betrachtungen allgemeine Grundsätze darüber sich entwickelt haben, was von den verschiedenen Personen im Gottesdienste zu singen und was bloss zu sprechen sei; und es würde nur ein sehr beschränkter Kreis von liturgischen Stücken übrig geblieben sein, die sich diesen Grundsätzen nicht hätten unterlegen lassen, und die man also eben so wohl singen, als bloss sprechen könnte. Der Zustand der Halbheit und Unfertigkeit aber, in dem wir fast alle Verhältnisse der englischen Kirche finden und in dem einige Seiten zu einem hohen Grade der Vollendung sich entwickelt haben, während andere fast völlig und durchaus danieder liegen, dieser Zustand hat keinen der angedeuteten Grundsätze zur Ausbildung und Wirksamkeit gelangen lassen, und so ist es denn fast vollständig dem Belieben jeder einzelnen Gemeinde, oder vielmehr, da die Gemeinden in Sachen des Gottesdienstes nur sehr selten um ihre Meinung gefragt werden, dem Belieben jedes einzelnen Geistlichen anheimgestellt, welche Stücke er singen, und welche er sprechen lassen will: wie ihm eine in ähnlicher Weise unbeschränkte Macht auch in Hinsicht der symbolischen Darstellung zusteht. Es geht das so weit, dass thatsächlich nur zwei Stücke unbedingt gesungen werden müssen, die eine gesangweise Ausführung eben ihrer Idee nach in sich schliessen: das Gemeindelied und der Chorgesang; den Chorgesang kann man aber jederzeit dadurch beseitigen, dass man ihn nicht zur Verwendung bringt, und so ist der Liedgesang der Gemeinde der einzige Theil des englischen Gottesdienstes, in dem die Tonkunst eine nothwendige Stelle hat, da selbst das Orgelspiel entbehrt werden kann, und in häufigen Fällen wirklich nicht in Anspruch genommen wird.

Die niedrigste Stufe der musikalischen Ausgestaltung im Gemeindegottesdienste der englischen Kirche (da wir von der Feier des heiligen Abendmahles hier absehen dürfen, in der meistens nicht Ein musikalischer Ton, weder Gesang noch Orgelspiel zur Verwendung kommt) ist also die, dass sämmtliche gottesdienstliche Stücke theils vom Geistlichen, theils von der Gemeinde und theils von Beiden gemeinschaftlich gesprochen werden, mit alleiniger Ausnahme eines nach der Litanei und eines vor der Predigt gesungenen Hymnus, zu dem vielleicht noch ein Vorbereitungslied und ein Vor- und Nachspiel der Orgel hinzutritt. Diese Form wird nicht allein in den täglichen Morgen- und Abendgottesdiensten und in der Fastenzeit durchgängig, sondern auch in den regelmässigen Sonntagsfeiern von der bedeutenden Mehrzahl der Geistlichen angewendet, die nur einigermaassen ausgesprochene low-church men sind, obwohl man durchschnittlich noch einige weitere Stücke zu singen pflegt, wenigstens das Invitatorium oder einen der neutestamentlichen Psalmen; ein selbstständiger Chor ist dort natürlich nicht vorhanden, sondern nur ein Schüler chor, der den Gesang der Gemeinde leitet, und der Geistliche singt nicht ein einziges Wort. Auf der anderen Seite finden wir in den der äussersten Seite der high-church Partei angehörenden Kirchen nicht allein an den Fest- und Feiertagen, sondern eben so wohl in den sonntäglichen Feiern und selbst in den Wochengottesdiensten das andere Extrem, in dem ausser den Schriftlesungen und der Predigt nicht ein Wort gesprochen, sondern Alles gesungen wird, in dem man selbst die Schriftlectionen in einer Art von Gesangston verliest; hier nimmt der Chor natürlich eine sehr wesentliche Stelle ein, ja, verdrängt die Gemeindethätigkeit fast gänzlich, und der Geistliche singt durchaus. Zwischen diesen beiden äussersten Punkten liegt nun eine ganz ausserordentliche Mannigfaltigkeit der musikalischen Ausgestaltung: man kann wohl sagen, es giebt kaum eine einzige mögliche Combination in den verschiedenen Formen des Sprechens und Singens, in der verschiedenen Gliederung der einzelnen Stücke und der einzelnen gottesdienstlichen Personen, wie in der Verbindung aller dieser verschiedenen Formen unter einander, die im englischen Gottesdienste nicht wirklich und häufig zur Verwendung käme. Dass bei so schrankenloser Willkühr mancherlei Ausschreitungen der äussersten Parteien nach beiden Seiten hin nicht ausbleiben können, und Missgriffe und Ungeschicklichkeiten in allen Richtungen unvermeidlich sind, liegt auf der Hand; alle diese Uebel mit ihren so vielfach beklagenswerthen oder gar scandalösen Folgen, würden aber vermieden sein, wenn die englische Kirche klare und feste Grundsätze über die Weise der musikalischen und symbolischen Ausgestaltung (wir werden im Folgenden sehen, dass in der symbolischen Ausgestaltung dieselbe Willkühr herrscht) aufgestellt und befolgt hätte.

Die musikalische Ausführung.

Unter diesen Umständen ist es erklärlich, dass die englische Kirche in Bezug auf die liturgische Anordnung der gottesdienstlichen Musik nur wenig Nachahmungswerthes für uns darbieten kann; selbst wenn wir ein mittleres Maass der musikalischen Ausgestaltung annehmen, wie es etwa ein vorurtheilsfreier Geistlicher der evangelischen Partei anordnen würde, stossen wir auf so mancherlei fast unvermeidliche Missbildungen und Widersprüche, dass wir besser thun, den Blick auf einen erfreulicheren Gegenstand zu richten. Und in der That, der englische Gottesdienst enthält gerade in seiner musikalischen Seite eine Reihe der vortrefflichsten Einrichtungen und Gebräuche, die namentlich für die deutsche Kirche wichtig sind, da sie zum grössten Theile eben das enthalten, was die deutsche' Kirche auf diesem Gebiete bisher noch hat vermissen lassen.

Bei den vorausgegangenen Darlegungen der Vorzüge, die dem englischen Gottesdienste auf rein liturgischem Gebiete eigenthümlich sind, haben wir gesehen, dass sie alle aus einer und derselben Quelle fliessen, aus dem Besitze einer sich selbstständig entwickelnden Liturgie, dass aber ein wesentlicher Theil nicht unmittelbar daraus sich entwickelt, sondern erst durch die Vermittlung der in dem Wesen der evangelischen Liturgie begründeten Mitthätigkeit der Gemeinde und der aus ihr hervorgehenden wohlthätigen Einwirkungen auf die Ausführung der gottesdienstlichen Darstellung. Eben dieser segensreichen Einwirkung hat die englische Kirche auch die hauptsächlichsten und wesentlichsten ihrer Vorzüge auf dem Gebiete der musikalischen Ausführung zu verdanken. Es sind zwei Grundzüge, die, bis auf wenige Ausnahmen, alle gottesdienstliche Musik der englischen Kirche characterisiren: in Rücksicht auf ihre Anordnung, die bestimmte liturgische Stellung und Bedeutung, die sie fast überall in der Ordnung der Feier einnimmt, und in Beziehung auf ihre Ausführung, das Bewusstsein ihrer Unterordnung, ihrer bloss dienenden Stellung im Gottesdienste.

Die erste dieser auszeichnenden Eigenschaften ist unmittelbar in der Liturgie selbst begründet, die zweite fliesst erst aus der selbstständigen Thätigkeit der Gemeinde in den gottesdienstlichen Handlungen, die dem Vordringen und Ueberwiegen des musikalischen Elementes sowohl von Seiten des Geistlichen wie von Seiten des Chores und der Orgel wirksame Schranken entgegensetzt. Diese beiden Eigenschaften sind die unerlässlichen Grundbedingungen für jede gesunde gottesdienstliche Musik: wo sie sich finden, dürfen wir schon von vorn herein gewiss sein, noch einer Reihe weiterer Vorzüge zu begegnen, wo sie aber fehlen, muss die Musik nicht allein eine des Gottesdienstes unwürdige sein, sondern sie muss auch noch eine Reihe von Mängeln und Gebrechen im Gefolge haben. Der Beweis dafür ist nahe zur Hand. In der englischen Liturgie befindet sich ein wunder Fleck: nach der dritten Collecte wird das s. g. Anthem, ein selbständiger Chorgesang mit vollständig freiem Texte eingeschoben, der also ohne innere Nothwendigkeit oder Bedeutung in der Ordnung der Feier ist. Die unmittelbare Folge davon ist, dass Chor und Orgel ihre Stellung vergessen und das Anthem zu einem Spielplatze ihrer musikalischen Fertigkeiten benutzen, dass unkirchliche Musikstücke zum Vortrage gewählt und in unkirchlicher Weise zur Ausführung gebracht werden, dass die Liturgie zerrissen, die Andacht gestört und die Gemeinde geärgert wird.

Auf der anderen Seite wird der gottesdienstlichen Musik durch das Bewusstsein ihrer bloss dienenden Stellung und die damit in Verbindung stehende Angemessenheit und Vortrefflichkeit der Ausführung ein so würdiger und wahrhaft erbaulicher Character aufgeprägt und eine so hinreissende Gewalt des Ausdrucks beigelegt, dass man die oft grossen Mängel und Schwächen der Composition fast vergisst. Die in der englischen Kirche verwendeten Compositionen für den Chorgesang sowohl, wie namentlich für den Gemeindegesang entsprechen nämlich im Allgemeinen durchaus nicht den Anforderungen, die an echten gottesdienstlichen Gesang gestellt werden müssen; es ist hauptsächlich der Mangel an kirchlicher Objectivität und das darin begründete Uebergewicht des Tones über die Bedeutung des Wortes, was die Compositionen für Chor und Gemeinde in einen beklagenswerthen Zustand des Verfalles hat versinken lassen. Nichts desto weniger hat die liturgische Bedeutung der einzelnen Stücke einerseits und die wesentlich durch die Bescheidenheit und Unterordnung ihres Auftretens bedingte Vortrefflichkeit und Erbaulichkeit der Ausführung andererseits eine solche Macht, dass wir nicht anstehen, die englische Weise unbedingt und bei weitem der bislang in Deutschland üblichen vorzuziehen.

Der letzte Gottesdienst, dem wir in Deutschland beiwohnten, war die Neujahrsfeier in der Schlosskirche zu Hannover. Es ist bekannt, dass in dieser Kirche Alles geschieht, um die Feiern dem Ideale des evangelischen Gottesdienstes so nahe wie möglich zu bringen, dass ihre Gemeinde, was die geistige Bildung und äussere Stellung ihrer Glieder anlangt, die Erste des Landes ist, dass dort eine in ihren Umrissen vortreffliche, in Gemässheit der Braunschweig-Lüneburgischen Kirchenordnung ausgearbeitete Liturgie eingeführt ist, und dass sie einen im Allgemeinen ausgezeichneten Chor und einen äusserst tüchtigen Organisten besitzt. Wenn wir einen mit solchen Kräften ausgestatteten Gottesdienst mit dem ersten Gottesdienste vergleichen, dem wir in einer gewöhnlichen englischen Pfarrkirche beiwohnten, so wird man uns gewiss nicht der Parteilichkeit gegen die deutschen Verhältnisse beschuldigen können.

So schön und in jeder Beziehung der gottesdienstlichen Feier würdig die in Hannover gesungenen selbstständigen Compositionen auch waren (bis auf die entschieden ungenügende Bearbeitung der Psalmodie), und so künstlerisch tadellos und vollendet sie auch ausgeführt wurden, so war es doch keine gottesdienstliche Musikaufführung: trotzdem der Chor durch seine Stellung in der Gliederung der Liturgie und die daraus hervorgegangenen engen und festen Formen der Composition in ganz ausserordentlich beschränkten Grenzen sich bewegen musste, trat er doch viel zu selbstständig und frei auf; er erschien nicht wie ein Diener der Gemeinde, der im Namen der Gemeinde zum Herrn betet, sondern wie ein Concertsänger, mit dem Bewusstsein seiner Mittel und Kräfte und dem darin begründeten virtuosen Aplomb. Aber wir wollen dem Chore keinerlei subjective Gedanken und Empfindungen unterlegen, wir wollen annehmen, jedes einzelne Glied desselben sei im vollen Sinne des Wortes ein Künstler, er sei vollständig durchdrungen von der Schönheit der auszuführenden Composition und alle sein Denken und Streben gehe ausschliesslich dahin, ohne Rücksicht auf die Geltendmachung seiner Stimme und seiner Fertigkeit diese Composition so vollendet wie möglich zur Darstellung zu bringen. Es ist das gewiss Alles, was man bei einer blossen Musikaufführung vom Sänger erwarten kann; aber für die Aufführung gottesdienstlicher Musik im Gottesdienste ist es nicht genügend. Dort muss der Chor und jeder einzelne Sänger vor Allem von dem Bewusstsein durchdrungen sein, dass er an heiliger Stelle und in einem heiligen Amte stehe, und dass er ganz so, wie der Geistliche am Altare, als ein Diener der Gemeinde zum Herrn rede; die künstlerische Seite seiner Stellung ist dann eine ganz selbstverständliche Sache, da eben sie es ist, die ihn zu seiner Stellung beruft, wie der Geistliche durch seine Kenntnisse und Fähigkeiten zur Verwaltung der göttlichen Gnadenmittel berufen ist. Dieses Bewusstsein sprach der Chor in Hannover nicht aus, man hörte dort nur Sänger, nicht aber Sänger im Dienste der Gemeinde und des Herrn, wie man bisweilen Prediger hört, die nur Redner sind, nicht aber Redner im Dienste des Herrn und der Gemeinde. Demgemäss ist denn der Eindruck auf den Zuhörer nur der, dass er Kunstwerke künstlerisch schön vortragen hört, keineswegs aber wird er dadurch in seiner Andacht gefördert oder in der Ausführung seiner gottesdienstlichen Verrichtungen unterstützt.

In England dagegen sang ein von Dilettanten freiwillig gebildeter Chor in musikalischer Beziehung, zum mindesten gesagt, unbedeutende Compositionen und die Ausführung war, obwohl tadellos, doch in rein künstlerischer Hinsicht nicht entfernt mit den Leistungen des Hannoverschen Kirchenchores zu vergleichen. Aber er sang mit so völliger Hingebung, nicht an die Composition, sondern an die gottesdienstliche Bedeutung des vorzutragenden Stückes, und mit so vollem Verständnisse seiner Stellung, dass der Chorgesang als ein eben so wesentlicher und nothwendiger Theil des Gottesdienstes sich darstellte, wie die Handlungen des Geistlichen oder die Gesänge der Gemeinde. Der Eindruck der Vorträge war dem entsprechend: die Gemeinde war völlig in Andacht und Anbetung versunken, und schien nicht im Geringsten daran zu denken, dass sie in ihrer Art musterhafte und bewunderungswürdige Kunstleistungen vor sich hatte; und wir sind fest überzeugt, dass Ein solcher Gesang tiefer erbaut und reichlicher den Samen des Guten säet, als eine ganze Reihe von englischen Predigten.

Ganz ähnlich war das Verhältniss im Orgelspiel und im Gemeindegesang. In Hannover trug man vortreffliche Orgelcompositionen vor, und spielte sie mit soviel Glanz und Bravour, wie man in einem deutschen Kirchenconcerte oder in einer englischen Musikhalle nur erwarten kann: in England waren nichtssagende oder mittelmässige Compositionen gewählt, aber sie traten in der Ausführung mit solcher Bescheidenheit auf, und beschränkten sich so ausschliesslich auf ihre Aufgabe, liturgisch wichtigere Stücke nur einleitend, vermittelnd oder abschliessend zu begleiten, dass sie an ihrer Stelle bedeutsam und nothwendig erschienen; in Hannover sang die Gemeinde die herrlichsten Choräle mit einem Worte herzlich schlecht, und der Orgelbegleitung glaubte man den missmuthigen, halb mitleidigen, halb verächtlichen Blick anzusehen, mit welchem der Organist den ungefügen und schwerfälligen Gesang der Gemeinde zu betrachten pflegt, den er mit aller Anstrengung und trotz der rythmischen Sporen nicht zu lenken im Stande ist: in England sang die Gemeinde ihre Hymnen nach weltlichen Melodieen, aber diese sowohl, wie die von einer ungegliederten Masse unendlich viel schwerer zu singenden Psalmodieen so ausgezeichnet, wie ein Chor, der an der Spitze des Dirigentenstabes zu hängen gewohnt ist; und dabei machte die Orgel nicht den leisesten Versuch, die Gemeinde zu leiten, sondern sie übte ausschliesslich die schwerere Kunst des Begleitens, und man hörte von ihr gerade nur so viel, wie man von einer guten Begleitung zu hören erwartet.

Um mit verhältnissmässig geringen Mitteln und trotz bedeutender Schwierigkeiten und Hemmnisse so wesentliche Erfolge zu erzielen, muss natürlich eine Reihe von Ursachen wirksam sein, die diesen Erfolg erleichtern und befördern; in der That, alle die im Vorhergehenden betrachteten Vorzüge der englischen Gottesdienstverhältnisse im Allgemeinen und der liturgischen Seite im Besonderen wirken zusammen, um die Ausführung der gottesdienstlichen Musikstücke auf die Stufe der Vollendung zu erheben, auf der wir sie fast ganz allgemein finden, und zu ihnen gesellt sich noch eine Reihe erst später zu betrachtender Verhältnisse auf dem Gebiete der symbolischen Ausgestaltung hinzu. Ferner aber sind auch noch einige besondere Verhältnisse auf dem rein musikalischen Gebiete dabei wirksam, und zum Theil in sehr bedeutendem Maasse. Eins der wirksamsten von diesen musikalischen Hülfsmitteln, das für sich allein im Stande ist, wenigstens dem Chorgesange und dem Orgelspiele eine durchaus veränderte und zwar weit vorzüglichere Gestalt zu verleihen, ist sehr einfach, es ist nichts, als die Verwendung des Piano. Als den Hauptvorzug des Gesanges sowohl wie des Orgelspieles im englischen Gottesdienste haben wir schon vorher die Bescheidenheit und Zurückhaltung seines Auftretens bezeichnet. Diese bescheidene Zurückhaltung spricht sich äusserlich am deutlichsten und entschiedensten in der geringen Tonstärke aus, in der durchschnittlich gesungen und gespielt wird. Wir meinen damit aber nicht ein nur gelegentliches und vorübergehendes Piano oder selbst Pianissimo, wie es in jeder Musik vorkommt, obwohl es oft schwer genug von Chor und Orchester zu erlangen ist, sondern den während der ganzen Feier andauernden, eben durchschnittlich geringen Grad der Tonstärke. In England pflegt die Tonstärke der Orgel z. B. gar nicht, oder nur wenig höher zu sein, als sie bei uns zur Begleitung des Altargesanges verwandt wird, und zwar nicht allein in der Begleitung des Chorgesanges (die in England allgemein üblich ist), sondern eben sowohl beim Gemeindegesange und beim selbstständigen Orgelspiele. Durch die ziemlich reichliche, oft sogar zu reichliche Benutzung der Schwellmaschine wird sie allerdings momentan höher, aber durch dasselbe Mittel verliert sie sich eben so oft und namentlich am Ende der Vor- und Nachspiele zu einem nur gehauchten Pianissimo.

Von der Erbaulichkeit, von der zur Andacht und Anbetung hinreissenden Gewalt dieses Piano und der verschiedenen Schattirungen im Piano hat man in Deutschland kaum eine Vorstellung, am wenigsten in der gottesdienstlichen Musik, und doch ist dieses Ausdrucksmittel eins der naturgemässesten, angemessensten und wirksamsten auf dem gesammten Gebiete der gottesdienstlichen Darstellung, das über den ganzen Gottesdienst einen Hauch der Feierlichkeit und Heiligkeit verbreitet, der kaum durch irgend ein anderes Mittel hervorzubringen ist. Es kann der deutschen Kirche nicht dringend genug ans Herz gelegt werden, diese Weise der Ausführung sich anzueignen, so weit wie möglich auszubilden und so reichlich wie möglich zur Verwendung zu bringen. In der Sache selbst sind ja keinerlei Schwierigkeiten enthalten, Orgel und Chor können ihre Tonstärke leicht zum Piano hinabstimmen, wenn sie nur wollen, und selbst die Gemeinde kann mit einiger Energie und Ausdauer dazu gezwungen werden, zum mindesten weniger laut zu singen, als sie bisher gewohnt war, die einzige Schwierigkeit liegt darin, Organisten, Chöre und Gemeinden von der Angemessenheit und Wirksamkeit des Piano im Gottesdienste zu überzeugen.

Und wir sollten denken, das könnte nicht gar so schwer sein. Dass die durchschnittliche Tonstärke im englischen Gottesdienste Piano, in Deutschland aber Forte, oder doch ein stark zum Forte hinneigendes Mezzoforte ist, hat seinen Grund in der verschiedenen Singweise der Gemeinden. Die englischen Gemeinden, durch eine Reihe von günstigen Umständen in Regsamkeit und Lebendigkeit erhalten, singen ihre Gesänge mit Lust und Liebe, aber singen sie im Bewusstsein ihrer Stellung und Bedeutung im Gottesdienste zugleich mit Andacht und frommer Scheu vor dem Heiligen, und desshalb nur leise oder nur halblaut. Das ist für die Ausführungsweise aller gottesdienstlichen Musik entscheidend. Die Orgel kann den beweglichen und zarten Gemeindegesang nicht mit einer dicken und schwerfälligen Instrumentation begleiten, und muss auch ihre Vor- und Nachspiele der klaren und durchsichtigen Begleitung anpassen, ja, sie noch klarer und noch durchsichtiger färben, um so mehr, als sie überall mit dem Bewusstsein auftritt, dass sie nur eine Dienerin der Gemeinde ist. Der Chor bildet überall nur einen Theil der Gemeinde, wirkt stets mit ihr zusammen, oder handelt an ihrer Stelle, und muss sich ebenfalls der Ausführungsweise der Gemeinde anschliessen.

In Deutschland dagegen singt die Gemeinde schwerfällig und träge: wenn sie überhaupt singt, singt sie aus voller Kehle, und da die Kehlen verschieden organisirt sind, eine angemessene und ausreichende Leitung aber fehlt, so geht jede einzelne Stimme ihren eignen Weg, und das Ganze folgt so nothwendig dem Gesetze der Trägheit, wie ein Haufen rollender Sand. Da ist denn der Organist gezwungen, die Zügel in die Hand zu nehmen, und er hat kein anderes Mittel, den Gesang zusammenzuhalten und zu leiten, als eine schwere und breite Instrumentation der Orgelbegleitung, die, wenn sie auch den beabsichtigten Erfolg nicht hat, doch wenigstens das bewirkt, dass die

Gemeinde noch lauter singt, wie vorher. Dadurch erhält
der Organist eine Bedeutung im Gottesdienste, die ihm
durchaus nicht zukommt, und wenn die Umstände ihn
zwingen, sein Orgelspiel mehr zur Geltung zu bringen, als
gut und recht ist, so lässt das Bewusstsein seiner Wichtigkeit ihn noch ein Uebriges thun, das sich gewöhnlich
mehr durch die Quantität, als durch die Qualität auszeichnet. Der Chor endlich tritt meistens als ein durchaus
selbstständiger Körper auf; wenn er schlecht ist, kann er
nicht anders als laut singen, und wenn er gut ist, glaubt
er seine Vorzüge entfalten zu müssen, unter allen Umständen findet er keinerlei Veranlassung, dem verachteten
Gesange der Gemeinde sich unterzuordnen.

Welche von diesen beiden Ausführungsweisen die angemessenere, die der gottesdienstlichen Feier sowohl, wie
der einzelnen liturgischen Personen würdigere ist, scheint
keiner weiteren Darlegung zu bedürfen; von der ausserordentlichen und ungeahnten Wirksamkeit des Piano aber
wird der flüchtigste Versuch einen glänzenden Beweis liefern. Man wage nur einmal, als Orgelspiel ein einfaches
Trio zu spielen, mit einer oder zwei Stimmen in den Manualen und nur einem kräftigen Violoncell im Pedal, wie
man es in England alle Tage hören kann; man versuche
nur einmal, in irgend einer Psalmodie, die nicht gerade
den Introitus eines Freudenfestes bildet, das Piano als
Grundfarbe anzunehmen, und in diese Licht und Schatten
hineinzuarbeiten, statt in das gewöhnliche Mezzoforte, in
dem weder das Licht hell, noch der Schatten dunkel wird,
wenn man nicht zu Effecten seine Zuflucht nimmt. Der
Organist wird bald sehen, dass sein Spiel tiefer ergreift,
und der Chor wird bald erkennen, dass sein Gesang mehr
zur Geltung kommt, als es in der bisherigen Weise, sei
sie auch noch so vortrefflich und vollendet, möglich ist.
In England erprobt sich diese Ausführungsweise in jedem
Gottesdienste, sie ist dort ganz allgemeine Sitte; aber

selbst in unseren deutschen Feiern finden wir einzelne zerstreute Punkte, die einen Beleg für ihre Wirksamkeit abgeben können. Dass der Altargesang trotz des traurigen Zustandes, in dem er sich bis jetzt befindet, und trotz der Weise, in der er häufig ausgeführt wird, noch so viele erbauliche Kraft besitzt, haben wir vornehmlich dem dort unerlässlichen Piano der Orgelbegleitung zuzuschreiben; und der ergreifendste Moment in dem ganzen Kreise der gottesdienstlichen Darstellung mit Ausnahme der Abendmahlshandlungen, ist die in der Hannoverschen Landeskirche übliche Sitte, dass die Confirmanden in der Confirmation den Choral „Mein Schöpfer, steh mir bei" allein singen, und zwar mit einer Orgelbegleitung, die nicht stärker ist, als die des Altargesanges. Orgel und Chor können sich diese Weise ohne Weiteres aneignen, und wenn nur die ersten und unerlässlichsten Schritte zur Umgestaltung des Gemeindegesanges gethan sind, wird sich auch die Gemeinde zu derselben erziehen lassen, und sie wird darin einen bedeutenden Anstoss sowohl, wie eine kräftige Stütze für ihr weiteres Fortschreiten besitzen.

Natürlich denken wir nicht daran, wenn wir das Piano als die durchschnittliche Tonstärke für die gottesdienstliche Musik empfehlen, einer Steigerung derselben weder nach oben noch nach unten zu irgend welche Schranken setzen zu wollen, es ist damit namentlich die Benutzung des Forte in keiner Weise eingeschränkt, das zur Ausprägung besonderer Stimmungen, des Preises und Dankes, und überhaupt der festlichen Freude alle seine Bedeutung behält: ja, es liegt auf der Hand, dass eine der nächsten Folgen von der Feststellung des Piano als der durchschnittlichen Tonstärke gerade eine wesentliche Erweiterung in der Ausdrucksfähigkeit des Forte sein muss, und demgemäss finden wir wirklich, dass der sparsame, nur zur liturgisch-musikalischen Auszeichnung einzelner Stellen und Stücke dienende Gebrauch des Forte im englischen Gottesdienste eine Gewalt des Ausdrucks besitzt, die bei der Vertheilung von Licht und Schatten, bei der Färbung von Grau in Grau, wie sie in Deutschland gebräuchlich ist, nur selten oder nie zur Entwicklung kommen kann.

Die Gliederung des gottesdienstlichen Gesanges.

Was sonst noch in den musikalischen Verhältnissen der englischen Kirche für unsere gegenwärtige Aufgabe von Bedeutung ist, bezieht sich nicht auf die gottesdienstliche Musik im Allgemeinen, sondern nur auf die einzelnen Seiten derselben, wie sie sich aus der Gliederung des handelnden Subjectes in verschiedene liturgische Personen ergeben. Ueber den Altargesang des Geistlichen zunächst ist wenig zu sagen. In den Kirchen der low-church Partei singt der Geistliche durchaus nicht, und selbst in den meisten Kirchen der high-church Partei, in denen Chorknaben angestellt sind, um die eigentlich der Gemeinde zukommenden Antworten in den Psalmen, Gebeten, Versikeln etc. zu singen, spricht der Geistliche, wie alles Uebrige, auch den ihm zufallenden Theil dieser Responsorien; so dass der Altargesang (der indessen mehr am Lesepulte, wie am Altare verläuft) ausser in den Kathedralen, Collegiatkirchen und Universitätscapellen nur auf der äussersten Seite der high-church Partei gefunden wird — und desshalb beim Volke wenig beliebt ist. Wir haben überall nur drei verschiedene Weisen des Altargesanges gehört, die eine, und dies ist die bei weitem häufiger gebrauchte Form, in der Alles auf einem einzigen Tone gesungen wird, die andere, eigentlich nur in den Versikeln und namentlich in den Preces verwendete, in der die verschiedenen Intonationen einen melodischen Schluss haben, und zwar jede einen besonderen, dem der Schluss der Chorresponse gewöhnlich in sehr passender Weise entspricht, die dritte Form findet sich nur in der Litanei, die häufig nach einem der engli-

schen Psalmtöne gesungen wird, und zwar so, dass der
Geistliche das erste Glied derselben singt, während der
Chor mit dem zweiten vierstimmig respondirt.

Wir sind der Meinung, dass es ein eben so grosser
Missgriff sei, Alles zu singen, wie gar Nichts. Gerade die
englische Liturgie enthält sehr viele Stücke, die des Gesangtones
entschieden nicht bedürfen, und bei ihnen schadet
das im vollen Sinne eintönige Singen mehr, als es
nützt; Grundsätze darüber, was im Gottesdienste gesungen
und was gesprochen werden müsse, dürfen wir aber von
der englischen Kirche nicht erwarten, zumal nicht in Beziehung
auf den Altargesang, und wir bleiben in dieser
Hinsicht auf unsere eigene Kirche verwiesen. Es ist übrigens
die Weise des Singens auf nur einem Tone gerade in
ihrer Eintönigkeit nichts weniger als ausdruckslos, und sie
liesse sich bei beschränktem Gebrauche, z. B. bei Gruss
und Collecte in der Passionszeit u. A., gewiss auch in
unserer Kirche verwerthen.

Die Gemeinde, obwohl ihr im Allgemeinen eine so
reiche liturgische Thätigkeit zugewiesen ist, hat doch nur
wenig zu singen; ihr Gesang beschränkt sich fast ausschliesslich
auf die Hymnen oder Lieder und die Psalmen,
und oft wird ihr auch der Psalmengesang noch entzogen.
Es hat das darin seinen Grund, dass in den Kirchen der
low-church Partei, in denen die Gemeinde alle ihr zukommende
Thätigkeit wirklich ausübt, fast nichts weiter gesungen
wird, als die Hymnen unter allen Umständen und
die Psalmen bisweilen; dass in den Kirchen der high-church
Partei aber die Gemeindethätigkeit fast gänzlich einem besonderen
Chore zugetheilt ist, der dann alle Stücke singend
ausführt, so dass der Gemeinde niemals irgend eine
andere Thätigkeit bleibt, als der Gesang der Hymnen.
Wo die Psalmen gesungen werden, sei es von Gemeinde
oder Chor, oder von Beiden gemeinschaftlich, geschieht es

meistens nach einem der in England gebräuchlichen Psalmtöne. Diese Weise des Psalmengesanges ist der englischen Kirche ganz eigenthümlich, sie entspricht weder der römischen Weise, die Psalmen nach den feststehenden Formeln des Gregorianischen Gesanges zu singen, noch den in der deutschen Kirche lange Zeit üblichen und von der Gegenwart namentlich für den Introitus wieder in Uebung gebrachten Psalmodieen in allen Stücken, obwohl sie natürlich zu beiden Weisen in naher Beziehung steht und namentlich aus dem römischen Gesange sich entwickelt hat. Der Unterschied besteht hauptsächlich darin, dass die englischen Psalmtöne völlig freie Bildungen sind, und weder auf die Gregorianischen Tonleitern, noch auf unsere alten Kirchentonarten sich gründen, und ferner, dass sie weder antiphonisch noch responsorisch gesungen werden (die responsorische Singweise findet sich allein in der Litanei); gleichwohl sind sie wie die alten Formeln gegliedert, und die beiden Hemistiche eines Verses bilden nur zusammen eine vollständige Melodie. Die englische Kirche besitzt eine grosse Menge solcher Psalmtöne, und viele derselben sind ganz vortrefflich, ja wirklich prachtvoll. In unseren Metten und Vespern, in denen das blosse Verlesen der Psalmen doch nur ein Nothbehelf ist, weil sowohl der antiphonische wie der responsorische Gesang derselben nach unseren Psalmtönen, namentlich an dieser Stelle, seine grossen Bedenken und Schwierigkeiten hat, sollte man unbedingt einen Versuch mit dieser Singweise machen, die ganz unverändert in unseren Gemeinden Eingang finden wird, und zudem noch weiterer Ausbildung fähig ist. Die Engländer halten ihren Psalmengesang zum mindesten eben so hoch, wie den Hymnengesang, Viele halten ihn sogar für die höchste Stufe gottesdienstlicher Musik; warum sollten ihn unsere Gemeinden nicht ebenfalls liebgewinnen? Wir haben selbst den nicht unbedeutenden Vortheil vor der englischen Kirche, dass der Psalmengesang bei uns nicht ermüdend werden wird, da wir gewiss niemals drei, vier und fünf Psalmen in einer Feier singen lassen werden, und zwar alle nach derselben Melodie, wie es in England fast überall geschieht. Wenn die Cantica nach den Psalmtönen gesungen werden, vermeidet man dort übrigens das Ermüdende des zu häufigen Singens derselben Melodie (das Benedicite z. B. hat mit der Doxologie 34 Verse) oft dadurch, dass man in der Mitte einen neuen Ton anstimmt, und erst am Ende zu der ursprünglichen Melodie zurückkehrt.

Dieses eigentliche Psalmiren ist die gewöhnlichste Weise des Psalmengesanges, die englische Kirche hat aber noch einige andere Formen desselben. Die erste ist das blosse Verlesen der Psalmen, bei dem aber die Gemeinde das jeden Psalm abschliessende Gloria patri singt, und zwar entweder nach einem der Psalmtöne, oder häufiger nach einer ausgeführteren, mehr hymnenartigen Melodie; eine andere schliesst sich an dieses responsorische, zwischen Geistlichem und Gemeinde Vers um Vers wechselnde Verlesen der Psalmen an, und wird in allen Kirchen verwendet, in denen Chorknaben angestellt sind: es besteht darin, dass diese Chorknaben die eigentlich der Gemeinde zufallenden Verse auf Einem Tone singen, während der Geistliche seinen Antheil je nach seiner kirchlichen Parteistellung entweder spricht, oder ebenfalls auf Einem Tone singt. Eine letzte Form endlich ist der selbstständige, kunstgemässe Chorgesang, durch den man indessen nur das Invitatorium und die Cantica hervorzuheben pflegt, während alle Uebrigen für Invitatorium, Cantica und eigentliche Psalmen gleicher Weise benutzt werden, doch meistens so, dass die beiden ersten dieser Stücke, oder doch mindestens eins derselben, eine auszeichnende Vortragsweise erhalten.

Was den Hymnengesang in der englischen Kirche anbelangt, so ist es bekannt, dass die Gemeinde dort meistens weltliche Melodieen, englische, deutsche und andere

Volkslieder und Opernstücke singt, obwohl sie sich auch eine ziemlich bedeutende Anzahl von unseren Chorälen mundgerecht gemacht hat. In der Bearbeitung dieser Stücke ist man oft mit grosser Naivetät zu Werke gegangen, die Melodieen schlossen sich natürlich häufig dem strophischen Baue der Lieder nicht an, waren hier zu kurz, dort um einige Glieder zu lang; da hat man denn das Fehlende nach besten Kräften hinzucomponirt, die überflüssigen Glieder einfach abgeschnitten und die Wunde mit einer Schlusscadenz zugeheilt, oder ein entsprechendes Stück aus der Mitte herausgenommen und Kopf und Schwanz zusammenwachsen lassen. Wo nur die einzelnen Glieder nicht zu einander passen wollten, hat man sich meistens mit dem Dehnen und Zusammenpressen der Melodie zu behelfen gesucht, und hat darin das Unglaubliche geleistet. Es ist ein kläglicher Anblick für den deutschen Musiker, eine Sammlung solcher „für den gottesdienstlichen Gebrauch eingerichteter" Melodieen! Viele Gesänge sind aber wirklich so hübsch, wie man von einem englischen Volksliede nur erwarten kann, einige, namentlich altenglische und schottische Melodieen gehören sogar zu dem Ausgezeichnetsten ihrer Art und verdienen allgemein bekannt zu sein.

Erfreulicher als die Composition des englischen Hymnengesanges ist die Ausführung desselben, sie ist in der That ganz vortrefflich, sie ist fast durchgängig so vollendet, wie es unter den gegebenen Verhältnissen nur möglich ist, und diese Ausführung lässt es doppelt tief beklagen, dass der Hymnengesang nichts als Volksgesang, und zwar nicht kirchlicher, sondern nur weltlicher Volksgesang mit geistlichen Texten ist. Ueber die Weise der Ausführung lässt sich nicht mehr und nicht weniger sagen, als dass die Gemeinde durchaus musikalisch singt, völlig wie ein wohlgegliederter und wohlgeleiteter Chor, nicht aber wie ein ungeordnetes und zusammenhangsloses Aggregat von zufällig zusammengekommenen Individuen, als welches unsere Gemeinden in Beziehung auf die musikalische Ausführung ihrer Gesänge sich überall darstellen. Die Hymnen werden fast ganz streng im Tacte gesungen, nur die der deutschen Weise ähnlichen oder entlehnten Melodieen sind durch kurze Fermaten unterbrochen. Von der Vortrefflichkeit der Orgelbegleitung haben wir schon vorher gesprochen, sie ist nichts Anderes und will nichts Anderes sein, als eben Begleitung; jeder Vers wird mit einem kurzen, fast unhörbaren Zwischenspiele geschlossen, nur vor dem letzten Verse des Predigtliedes pflegt das Zwischenspiel breiter und fast zu einem selbstständigen Stücke sich auszudehnen. Es hat das mindestens einen Sinn, wenn, wie es ursprünglich unzweifelhaft die Absicht gewesen ist, der Geistliche während desselben die Kanzel besteigt; da die Geistlichen aber wenig Rücksicht darauf nehmen, so erscheint dies langgezogene Zwischenspiel nur als ein unnützer und lächerlicher Schnörkel.

Wenn wir nun fragen, worin es seinen Grund hat, dass die Engländer, ein im Allgemeinen so viel weniger musikalisches Volk wie wir, in Beziehung auf die Ausführung ihrer gottesdienstlichen Gesänge uns so weit voraus sind, so werden wir zunächst wieder auf die schon oft erwähnten, allgemeinen und besonderen liturgischen Verhältnisse hingewiesen, die alle gottesdienstliche Thätigkeit der Gemeinde, und also auch die musikalische Seite derselben wesentlich erleichtert, befördert und veredelt; ferner sind aber auch einige rein musikalische Momente dabei von wesentlichem Einflusse. Von der Weise der Orgelbegleitung müssen wir hier absehen, da sie, wenn schon in der Gegenwart ausserordentlich wirksam, doch ursprünglich nur Wirkung, nicht aber Ursache gewesen ist, und eben so haben auch die Verhältnisse des Singchores, der in den meisten Fällen die Gemeindegesänge in derselben Weise begleitet, wie die Orgel, nur eine secundäre Bedeutung für die Entwicklung und Vervollkommnung des Gemeindegesanges gehabt, obwohl sie an der Erhaltung und Bewahrung des einmal gewonnenen Zustandes den wesentlichsten Antheil nehmen. Wir finden den Grund der Vortrefflichkeit des Gemeindegesanges vornehmlich in der Weise seiner Leitung, das heisst darin, dass nicht allein der Organist, sondern eben sowohl der oder die Leiter des Singchores oder des Schülerchores sich zunächst um die Gemeinde und deren Gesang gar nicht kümmern, sondern ausschliesslich mit der Leitung ihres besonderen Chores beschäftigt sind, und dadurch diesen Chor zu einem Leiter der Gemeinde machen, dessen Einfluss durchaus unwiderstehlich ist. Es ist dies genau die Weise, auf welche wir in unseren früheren liturgisch-musikalischen Vorschlägen als die einzig unbedingt wirksame hingewiesen haben; dieses, wie manches Andere, was sich dort aus theoretischen Betrachtungen entwickelte, haben wir in England in jahrhundertelanger, obwohl unbewusster, praktischer Uebung gefunden.

Die Uebung ist nämlich dort nicht aus einem Bewusstsein ihrer Vortrefflichkeit und Wirksamkeit, sondern aus bloss äusserlichen Veranlassungen hervorgegangen: der Singchor befindet sich, soweit wir beobachtet haben, immer in der unmittelbaren Nähe der Orgel, diese aber hat ihren Platz entweder wie bei uns, auf einem besonderen Orgelchore über dem Westeingange der Kirche, dem Altare gegenüber, oder, namentlich in den Gotteshäusern der high-church Partei, in denen der Singchor als ein Theil des Clerus sich darstellt und als solcher in weissen Kleidern auf dem Altarchore vertheilt ist, an der nördlichen Wand dieses Altarchores. Der Chordirigent ist nun vollauf mit der Leitung seiner Sänger beschäftigt, der Organist muss zunächst diese Sänger begleiten, und da es der englischen Sitte durchaus zuwider ist, dass der sonst mit der Leitung der Gemeindethätigkeit betraute Clerk durch lautes oder gar überlautes Singen sich bemerklich macht, so kann die Gemeinde nicht anders, als der Leitung des Chores unbedingt folgen. Da der Chor aber im Allgemeinen streng im Tacte singt, muss die Gemeinde nothwendig dasselbe thun, und damit ist der Gemeindegesang, was die Ausführung betrifft, so vollendet wie möglich. Freilich lässt sich nicht leugnen, dass die englische Weise, nur halblaut zu singen, ein solches Anschliessen an den Gesang des Chores und dessen Begleitung durch die Orgel wesentlich erleichtert; aber erstens können unsere deutschen Gemeinden bei nur irgend ernstem Willen ohne Schwierigkeit an ein weniger schreiendes Singen gewöhnt werden, wir sind sogar überzeugt, dass mit dem Wachsen der Regsamkeit und Beweglichkeit in der Thätigkeit der Gemeinde die Dicke und Schwere ihres Gesanges nothwendig abnehmen müsse, und zweitens haben wir eine doppelte Garantie für die Wirksamkeit der empfohlenen Leitung, da die Gemeinde bei uns von zwei Seiten her eine Unterstützung findet, da in unseren Kirchen die Schuljugend auf oder noch besser vor dem Altarchore zu sitzen, und die Orgel und mit ihr der eigentliche Sängerchor an dem entgegengesetzten Ende des Schiffes seinen Platz zu haben pflegt.

Die englische Weise des Liedgesanges giebt uns auch ausser diesem wichtigen Punkte noch mancherlei zu lernen und zu bedenken, manches was wir thun, und manches was wir lassen müssen. Zuerst sehen wir daraus, welchen Gefahren wir uns aussetzen, wenn wir auf dem Wege fortgehen, der von der Bewegung für den streng rythmischen Chorgesang, d. h. für die Wiederherstellung und Einführung des quantitirenden Rythmus oder gar des rythmischen Wechsels in den gottesdienstlichen Gesang der Gemeinde eingeschlagen ist, der diesen Gesang nothwendig zu einem unkirchlichen, wenn auch unter bestimmten Voraussetzungen wohl ausgeführten Volksgesang werden lassen, der unsere Choräle zu derselben Entartung in bloss weltliche Melodieen bringen muss, in welcher wir den Hymnengesang der englischen Kirche finden. Auf der anderen Seite aber werden wir auch aufgefordert, das Maas rythmischer Ausgestaltung, das dem Gesange der Gemeinde nur irgend gestattet werden kann, zu voller und unbeschränkter Geltung zu bringen, und auch nicht den geringsten Theil desselben unbenutzt und unentwickelt zu lassen. Es leugnet gewiss Niemand, dass unser Gemeindegesang ein rechter Volksgesang sein müsse, aber er soll kein weltlicher, oder auch nur geistlicher, sondern gottesdienstlicher Volksgesang sein, und als solchem kommt ihm zwar nicht die schrankenlose Ungebundenheit in der rythmischen Gestaltung zu, die der gewöhnliche Volksgesang in Anspruch nimmt, aber doch volle Freiheit und Selbstständigkeit der Bewegung innerhalb der liturgischen Gesetze, denen er eben als gottesdienstlicher Gesang unterworfen sein muss; und von dieser Freiheit darf ihm Nichts entzogen werden. Wenn wir aber nach diesen Grundsätzen den Liedgesang der englischen Kirche betrachten, und dabei von der Unangemessenheit der Compositionen absehen, sondern nur die Ausführung in's Auge fassen, so finden wir als das richtige Maass rythmischer Ausgestaltung im Gemeindegesange genau dasselbe, was sich aus unserer Entwickelung der liturgisch-musikalischen Grundsätze ergeben hatte, und das von der gegenwärtig noch gebräuchlichen unrythmischen und schleppenden Singweise eben so weit entfernt ist, wie von dem s. g. rythmischen Gesange.

Was sich von dem Chorgesange in der englischen Kirche Gutes sagen lässt, haben wir meistens schon in dem Vorhergehenden hervorgehoben; im Allgemeinen wird das Gute desselben von der low-church, das Schlechte aber von der high-church Partei ausgebildet und gepflegt. Dort steht der Chor überall in einer durchaus dienenden Stellung; als ein selbstständiges Glied tritt er nur auf, um nach Zeit und Umständen sonst ebenfalls von der Gemeinde ausgeführte Stücke durch einen höheren Grad der Ausgestaltung hervorzuheben; ausserdem dient er ausschliesslich dazu, dem Gemeindegesange eine vollere und reichere Gestalt zu verleihen, und in beiden Fällen trägt er, neben seiner Wirksamkeit für die Ausschmückung des Gottesdienstes und die Ausprägung einzelner Stücke oder ganzer Feiern wesentlich dazu bei, die liturgische Thätigkeit der Gemeinde zu heben und das Bewusstsein von der Stellung und Bedeutung der Gemeinde im Gottesdienste zu stärken.

In den Kirchen der high-church Partei dagegen, in denen der Chor die Thätigkeit der Gemeinde bis auf den Hymnengesang gänzlich an sich gerissen hat, in denen also die Gemeinde durchaus dieselbe Stellung einnimmt, wie in der römisch-katholischen Kirche Deutschlands und anderer Länder, wo man der Gemeinde den Gesang von Hymnen gestattet hat, die übrigen gottesdienstlichen Handlungen aber allein von der Geistlichkeit und dem Chore verrichten lässt, in den Kirchen der high-church Partei ist mit der activen Betheiligung der Gemeinde auch Sinn und Gefühl für die Bedeutung derselben völlig erstickt. In Folge davon ist den Gemeinden der low-church Partei das Gefühl von der Nothwendigkeit ihrer eigenen Betheiligung am Gottesdienste so stark und lebendig, dass sie selbst das Invitatorium und die Cantica, wenn sie vom Chore gesungen werden, soviel in ihren Kräften steht, mitsingen, stets aber unter genauer Berücksichtigung der Stellen in der Composition, die vom Chore allein gesungen werden sollen (die sich übrigens durch das Fortbleiben der sonst fast nie fehlenden Orgelbegleitung leicht hervorheben), so dass der Unterschied zwischen diesen Stücken und den von Chor und Gemeinde gemeinschaftlich gesungenen eigentlichen Psalmen häufig nur in einem Mehr oder Weniger, in einem grösseren oder geringeren Hervortreten des Chores sich zeigt. Auf der milderen Seite der high-church Partei, in deren Kirchen Chorknaben die Gemeinderesponsen singen, der Geistliche aber

nur spricht, findet man wenigstens noch ein Bedürfniss der
Gemeinde nach einer eignen Thätigkeit, das sich darin aus-
spricht, dass die Gemeinde von dem Gesange der Chorknaben sich nicht bevormunden lässt, sondern Cantica und
Psalmen mit ihnen singt, wenn sie wirklich (nicht bloss
auf Einem Tone) gesungen werden, alle ihr zukommenden
Antworten aber unbeirrt um den Gesang der Chorknaben
spricht; doch geschieht das überall so, dass es mehr als
ein halblautes Denken oder Nachlesen erscheint und in
keiner Weise stört. In den Kirchen dagegen, in denen
auch der Geistliche singt, ist das Gefühl der eignen Bedeutung bei den Gemeinden völlig verschwunden, sie zeigen in
keinem Stücke einen Wunsch nach selbstständiger Thätigkeit, und sind nur sitzende, stehende oder knieende Zuhörer und Zuschauer.

Man hat in der englischen Kirche drei Arten von Chören wohl zu unterscheiden, einen Schülerchor, der auf dem
Orgelchore sitzt und keine weitere Aufgabe hat, als den
Gesang der Gemeinde zu leiten; einen eigentlichen Singchor, der in sehr vielen Kirchen die Stelle der Schuljugend
einnimmt und neben der Begleitung des Gemeindegesanges
auch einzelne selbstständige Stücke singt, Beides natürlich
mehrstimmig; und endlich den Chor der high-church Partei (den wir bisher meistens durch die Bezeichnung „Chorknaben" unterschieden haben, obwohl er nicht nur aus
Knaben besteht, sondern vierstimmig gegliedert ist), der
einen Theil des Clerus bildet, als solcher wie die Geistlichkeit weiss gekleidet ist und auf dem Altarchore seinen
Platz hat, und ausser verschiedenen selbstständigen Stücken
die sämmtlichen Gemeinderesponsen singt. Ueber die Chöre
der low-church Partei wäre Nichts weiter zu bemerken,
wenn wir nicht auf die Leichtigkeit hinweisen mögten, mit
der selbst in kleinen Landgemeinden gottesdienstliche Singchöre hergestellt werden, die ganz Vortreffliches leisten,
weil sie Freude an ihrem Amte haben, und Nichts unter-

nehmen, was über ihre Kräfte hinausgeht. Bei weitem die meisten Singchöre in England bestehen aus freiwilligen Mitgliedern, und es ist eine Freude zu sehen, mit welchem Eifer und welcher Ausdauer sie sich für ihren heiligen Dienst vorbereiten; oft ist dieser Eifer wahrhaft rührend, wir wissen z. B. von einer jungen Dame, die auf einem abgelegenen Dorfe einen Chor von 24 jungen Burschen und Mädchen zusammengebracht hat, und nicht allein dessen Uebungen und Aufführungen leitet, die nebenbei in jeder Beziehung musterhaft sein sollen, sondern um der armen Gemeinde eine drückende Ausgabe zu ersparen, ausserdem das Amt des Organisten versieht. Und solche Fälle sind keineswegs vereinzelt, sondern zählen nach Hunderten; aber das kommt daher, dass der Engländer Freude an seinem Gottesdienste und an seiner Thätigkeit darin findet: wenn es in Deutschland eben so wäre, müsste dort jede Kirche ihren besonderen Singchor haben.

Dem Chore der high-church Partei müssen wir noch einen Blick schenken, sei es auch nur, um uns vor den Abwegen desselben warnen zu lassen. Die Stücke, die er selbstständig, das heisst, in kunstgemässem Gesange ausführt, sind die Cantica und Psalmen, die er aber eben so häufig psalmodirt oder in der ihm eigenthümlichen Gesangweise auf nur Einem Tone singt, ferner das für diesen Zweck ausdrücklich bestimmte Anthem und bisweilen auch das Credo und einige Stücke aus der Abendmahlsfeier. Im gewöhnlichen Psalmengesange unterscheidet er sich durchaus nicht von den übrigen Chören, eben so wenig im Anthem, das leider viele zur anderen Partei gehörende Kirchen wenigstens im Abendgottesdienste aufgenommen haben (in der Morgenfeier ist es nur den Kathedralen etc. erlaubt, wird aber auch·dort nicht immer gesungen). Ueber den schädlichen Einfluss dieses Anthems auf den Gottesdienst im Allgemeinen und besonders auf Gesang und Orgelspiel haben wir uns schon mehrfach ausgesprochen: dieselben

Nachtheile sind in musikalischer Beziehung mit dem selbstständigen Gesange des Credo verbunden, das nur durch seine liturgische Bedeutsamkeit (die dem Anthem eben fehlt) weiteren Schaden auch für den Gottesdienst und die Gemeinde verhindert. Man pflegt dieses Stück (wir haben nur das zweite, das Nicenische Glaubensbekenntniss als selbstständigen Chorgesang ausführen hören) durchaus wie den entsprechenden Theil der römischen Messe zu singen, das heisst, mit frappanter, oft theatralischer Ausprägung der einzelnen Momente, worin sich namentlich die Orgelbegleitung hervorthut, die sich hier und im Anthem eben so breit macht und aufdrängt, wie in Deutschland. Den Chorgesang des Offertorium könnte man eine Verbesserung nennen, wenn die englische, aus abgerissenen Schriftstellen zusammengesetzte Form durch den Gesang sich nur verbessern liesse. Das blosse Verlesen dieses Stückes, wie es meistens geschieht, unter minutenlangen Pausen zwischen den einzelnen Sprüchen, in denen man Nichts als das Klappern des Opfergeldes hört, ist doch gar zu öde und kümmerlich, und beim Chorgesange bildet wenigstens die Orgelbegleitung mit ihren Zwischenspielen eine lose Verbindung zwischen den einzelnen Schriftstellen.

Der Responsengesang dieses Chores endlich ist, wie gesagt, durchaus eintönig bis auf die verschiedenen Formen des Amen, die, wenn auch nicht durchgängig, doch häufig von einer authentischen oder Plagal-Cadenz gebildet werden, die Responsen der Versikeln, die sich vierstimmig gliedern und, der Intonation des Geistlichen entsprechend, in einen melodischen Schluss ausgehen, eben so die Litanei, die in der Hauptsache nach einem der Psalmtöne gesungen wird, und vielleicht noch die letzte, längere Response des Dekalogs, die sich oft zu einer ausgebildeten Melodie erhebt. Alle übrigen Responsen, und wir können auch diejenigen Stücke als Responsorien betrachten, die unter anderen Umständen von Geistlichem und Gemeinde zusammen gesprochen werden, da auch in ihnen der Geistliche auf Einem Tone intonirt und der Chor ebenfalls auf Einem Tone antwortet (oft freilich in einem anderen), bis endlich das Amen mit oder ohne Cadenz den Schluss bildet, alle übrigen Responsen, sagen wir, werden einstimmig und auf einem einzigen Tone gesungen, sind also ein blosses Sprechen im Gesangtone, das bei angemessener und sparsamer Verwendung sehr nützlich sein könnte, aber durch seinen fortwährenden Gebrauch, durch die damit verbundene Beseitigung der Gemeindethätigkeit und durch mancherlei Aeusserlichkeiten seines Auftretens die Idee eines besonderen Priesterthumes zur Ausprägung bringt, die in der englischen Kirche niemals vollständig überwunden ist, und namentlich durch die Pflege, die sie in der äussersten Richtung der Kirche findet, vielfaches und schweres Unheil anrichtet. Eine Warnung brauchen wir diesen Dingen nicht beizufügen, sie sprechen selbst laut genug.

IV. Symbolisches.

Die Verwendung der gottesdienstlichen Symbole.

Auch das dritte Mittel der gottesdienstlichen Darstellung, das Symbol, findet in der englischen Kirche eine reichere Verwendung und namentlich eine vorzüglichere Ausführung, als in Deutschland, und auch hier ist alles Gute und Schöne dem wohlthätigen Einflusse der Liturgie und den in ihr begründeten segensreichen Folgen einer ausgebildeten Gemeindethätigkeit, der liturgischen Stellung und Bedeutung in der Anordnung, der Regsamkeit und Lebendigkeit, dem Sinne für das kirchlich Würdige und Schickliche, wie für das künstlerisch Schöne und Geschmackvolle in der Ausführung der symbolischen Sachen und Handlungen zuzuschreiben. Aber auch in der Kunst des Symbols, die wie die Tonkunst wesentlich in einer bloss dienenden Stellung zu dem liturgischen Worte steht, und nur in Ausnahmefällen, wo die Ausdrucksfähigkeit des Wortes sich als ungenügend erweist und auch durch das Hinzutreten der musikalischen Kunst keine ausreichende Macht gewinnt, einen vorwiegenden Theil an der Darstellung erhält, auch in der Kunst des Symbols finden wir die englische Kirche durchaus ohne feste Grundsätze in Bezug auf ihre Verwendung, und die symbolische Ausgestaltung dient ihr, wie die musikalische, mehr zu einer

Ausprägung der verschiedenen Parteistandpunkte in der Kirche, als zu einer Ausprägung der gottesdienstlichen Feier und ihrer einzelnen Theile. Durch die Anordnung der Rubrics, dass in den Kirchen und in der Kleidung der Geistlichkeit Alles bleiben soll, wie es im zweiten Regierungsjahre Eduards VI. (1548) gewesen ist, haben die Puseyiten volle Freiheit gefunden, in Beziehung auf die symbolischen Stätten und Geräthe zu thun, was ihren Zwecken angemessen erscheint, und sie machen, wie schon oben angedeutet ist, von dieser Freiheit den ausgedehntesten Gebrauch, so dass die Gotteshäuser dieser Partei oft in keinem Stücke von katholischen Kirchen sich unterscheiden. Ebenso verfahren sie in der Anordnung der symbolischen Handlungen und Geberden der Geistlichkeit mit der äussersten und rücksichtslosesten Willkühr, und nur in Beziehung auf die symbolische Thätigkeit der Gemeinde herrscht hier ein Maass und in der ganzen englischen Kirche Gleichmässigkeit, da die Rubrics in diesem Punkte entschieden und unzweideutig sprechen, und zudem die Tractarians dieselben Gründe haben, der Gemeinde ihren Theil an der symbolischen Darstellung zu belassen, welche sie veranlassten, derselben ihre liturgische und musikalische Thätigkeit zu entziehen und dem Chore. zuzuweisen.

So hat die englische Kirche auch auf dem Gebiete des Symbolischen eine endlose Reihe von Abstufungen in der Ausgestaltung, die von puritanischer Nacktheit bis zu römischer, ja griechischer Ueberladung geht. Wenn wir aber von diesen beiden äussersten Seiten absehen, von denen die eine so wenig dem wahren Charakter der englischen Kirche entspricht, wie die andere, und die sich Beide als traurige Verirrungen darstellen, so finden wir in der Mitte eine Reihe von Gestaltungen, die der deutschen Kirche in mannigfacher Beziehung zum Muster dienen können, weil sie die Resultate einer in England durch günstige Umstände fortgeführten Entwicklung sind, während die entsprechende Seite der gottesdienstlichen Darstellung in der deutschen Kirche durch widrige Verhältnisse hat verkümmern müssen.

Die gottesdienstlichen Stätten.

Die Disposition der gottesdienstlichen Stätten zunächst ist im Allgemeinen dieselbe, wie in Deutschland, im·Einzelnen aber finden sich mancherlei die englische Kirche auszeichnende Verschiedenheiten. Die wichtigste derselben, da die allerdings bedeutenden Abweichungen in der Anordnung des Chores keinerlei Vorzüge enthalten, ist die allgemeine Verwendung eines Lesepultes, an dem übrigens nicht allein die Schriftlectionen, sondern alle Stücke des Morgen- und Abendgebetes gehalten werden, während die Communionhandlungen, also auch die Lesungen der Episteln und Evangelien am Altare Statt finden. Das Lesepult steht meistens an der nördlichen Seite des Mittelschiffes, nahe vor den Chorstufen, während die Kanzel an der entsprechenden Südseite sich befindet, und ist völlig wie eine Kanzel gebaut, bis auf den Unterschied, dass es häufig noch ein zweites, niedrigeres Pult für den Clerk enthält, das weiter in das Schiff hineinragt. Lesepult und Kanzel sind, so weit wir gesehen haben, stets freistehend, und damit bedeutend niedriger, als unsere Kanzeln zu sein pflegen, was wir als einen wesentlichen Vorzug betrachten müssen, da unsere Kanzeln fast ohne Ausnahme viel zu hoch stehen, um in akustischer Beziehung ihrem Zwecke entsprechen zu können. Häufig sind beide Stätten, Kanzel und Lesepult (mit oder ohne Platz für den Clerk, der häufig als überflüssig beseitigt ist) architektonisch ein Ganzes bildend, über- und hinter einander gebaut, und befinden sich dann meistens an der südlichen Seite; doch sieht man die Kanzeln auch nicht selten an der Nordseite (z. B. in der St. Paul's Kathedrale sowohl, wie in der Westminster

Abtei hat eine der Kanzeln diese Stellung), wo denn der Platz des Lesepultes entsprechend verändert ist. Ein solches Lesepult ist in unseren deutschen Kirchen dringend zu wünschen; wir würden es freilich, im Hauptgottesdienste wenigstens, nur für die Schriftlesungen und das Glaubensbekenntniss mit den umgebenden Theilen benutzen, aber für diesen Zweck ist es aus inneren und äusseren Gründen auch fast unerlässlich. Der englische Gebrauch, die Kanzel südlich, das Lesepult nördlich vor den Chorstufen und zwar freistehend zu errichten, und sie als die beiden der Verkündigung des Wortes geweihten Stätten auch architektonisch einander entsprechen und einander ergänzen zu lassen, erscheint zu sachgemäss, um noch einer besonderen Empfehlung zu bedürfen, obwohl sich nicht leugnen lässt, dass für einige Nebengottesdienste die jetzt noch bisweilen vorkommende Stellung des Lesepultes auf dem Chore, in der Mitte der Chorstufen, wünschenswerther ist.

Bei den der Gemeinde zugewiesenen gottesdienstlichen Stätten haben wir nur einen einzelnen Punkt hervorzuheben, die in England gebräuchlichen Knieepolster. Einer der gewöhnlichsten Einwürfe, die selbst von Freunden des Kniens einer kräftigen Bewegung für die allgemeinere Wiedereinführung dieser Sitte in Deutschland entgegengestellt werden, ist der, dass unsere Kirchen zum Knieen nicht eingerichtet seien und ohne einen vollständigen Umbau der Kirchenstühle sich nicht einrichten liessen. Man hat aber dabei allein an die Einrichtung zum Knieen gedacht, die in katholischen Kirchen üblich ist, und in einer an dem unteren Theile des Pultes angebrachten, schrägstehenden und die ganze Länge des Stuhles einnehmenden Art von schmaler Bank, gepolstert oder ungepolstert, zu bestehen pflegt. Solche Knieebänke an unseren Kirchenstühlen anzubringen, würde allerdings oft Unbequemlichkeiten mit sich bringen, in den gar zu engen Stühlen vielleicht ganz unthunlich sein, und so weit hat der Einwurf seinen guten Grund. Aber diese Knieebänke, die zudem in allen Fällen höchst unbequem sind, da sie feststehen und desshalb den Knieenden nur eine einzige Stellung gestatten, sind ganz unnöthig, die in England gebräuchliche Einrichtung kann in jedem Stuhle angebracht und benutzt werden, in dem man sitzen kann, und hat ausserdem noch den wesentlichen Vorzug, dass sie ausserordentlich bequem ist und die verschiedensten Formen des Knieens zulässt. Sie besteht einfach aus länglich runden oder beliebig gestalteten, meist (der Farbe der Sitzpolster etc. entsprechend) roth überzogenen Polstern, einer Art von Fussbänken ohne Füsse ganz ähnlich, die man in Deutschland sehr häufig findet. Die einfachsten sind ausserordentlich billig und würden sich bei uns noch weit billiger herstellen lassen, da man z. B., zumal wo der Fussboden mit Matten belegt ist, die fast überall auf der Strasse verkauften Fussbänke aus Stroh- oder Binsengeflecht ganz unverändert benutzen, aber auch leicht mit einem passenden Ueberzuge versehen könnte, wo eigentliche Polster zu theuer sein sollten. Die Stühle enthalten so viele Polster wie Sitze, die sich natürlich ganz nach Bedürfniss stellen und gebrauchen lassen, und die Einrichtung ist in jeder Hinsicht so zweckmässig und bequem, dass es, anstatt anzustrengen oder zu ermüden, eine wahre Wohlthat für den Körper ist, nach langem Stehen oder Sitzen niederzukniecn.

Die gottesdienstlichen Geräthe.

In Bezug auf die gottesdienstlichen Geräthe haben wir nur den schon an einer anderen Stelle ausgesprochenen Wunsch zu wiederholen, dass die Kleidung des Geistlichen zur Ausprägung seiner verschiedenen Stellung im Gottesdienste benutzt werden möge, dass der Geistliche, wo er am Altare, also ausserhalb der Gemeinde steht, mit der Alba, wo er aber als Prediger innerhalb der Gemeinde steht, nur im schwarzen Talare erscheine, wie es in der low-church Partei der englischen Kirche allgemeine Sitte ist. Die high-church Partei freilich legt grosses Gewicht darauf, dass ihre Geistlichen auch auf der Kanzel die Alba (d. h. die englische, fast bis auf die Füsse herabreichende Alba, surplice) beibehalten, aber diese sind auch als Prediger nicht die zur Verkündigung des Wortes berufenen Glieder der Gemeinde, sondern überall die Priester des Herrn, und sie handeln also von ihrem Standpunkte aus ganz recht. Die deutsche Kirche dagegen steht in dieser Beziehung auf dem Standpunkte der low-church Partei, und sollte ihn eben so scharf ausprägen, wie diese, wenn auch nicht so haarscharf, wie es bisweilen geschieht, wo der Geistliche stets eine von der Sakristei in den Altarraum mündende Thür benutzt, um das Lesepult oder den Altar zu erreichen, auf seinem Wege zu oder von der Kanzel aber, um sich ausschliesslich innerhalb der Gemeinde zu bewegen, den Chor nicht betritt und durch eine von dem Seitenschiffe in die Sakristei führende, lediglich diesem Zwecke dienende Thür geht.

Die gottesdienstlichen Handlungen.

Die symbolischen Handlungen des Geistlichen, soweit sie sich den gottesdienstlichen Stätten und Geräthen anschliessen, haben in der englischen Kirche keine besonders hervorzuhebende Ausgestaltung gefunden, da durch die Anordnung, das Morgen- und Abendgebet am Lesepulte und alle der Communion beigezählten Theile am Altare abzuhalten, sehr viele Stücke an einen falschen Ort verwiesen sind, und die Abschliessung des Hauptgottesdienstes von der Kanzel aus die Zahl dieser Stücke noch vermehrt hat;

die symbolischen Geberden der verschiedenen gottesdienstlichen Personen dagegen, oder die Handlungen, die den menschlichen Körper als das Mittel der symbolischen Darstellung verwenden, bieten uns wieder eine ganze Reihe von bemerkenswerthen oder nachahmungswürdigen Momenten dar, sowohl was ihre Disposition, als was ihre Ausführung betrifft, und es ist auch hier, wie in der musikalischen Seite der Darstellung, namentlich die liturgische Stellung der symbolischen Handlungen in der Anordnung und Gliederung des Gottesdienstes mit der darin begründeten Bedeutsamkeit der Symbole, und die Unterordnung dieser Handlungen unter die liturgische Bedeutung des Wortes mit der dadurch vermittelten Klarheit und Verständlichkeit derselben, welcher die englische Kirche jene Vorzüge zu danken hat.

Während des täglichen Morgen- und Abendgottesdienstes hat der Geistliche kaum eine andere symbolische Thätigkeit, als die Gemeinde, und es ist eigentlich nur in den Theilen der Communion, in denen der Geistlichkeit besondere Handlungen obliegen, wenn wir, wie wir müssen, von dem Uebermaasse symbolischer Darstellung absehen, das von dem Clerus der high-church Partei entfaltet wird; und dieser Theil ist in Beziehung auf die symbolische Darstellung keineswegs der vorzüglichste. Die allgemeine Sitte, nicht allein die eigentliche Communion, sondern eben sowohl den Ante-Communion Service von zwei Geistlichen abhalten zu lassen, und ferner das sinnlose Vorurtheil, etwas den Missbräuchen der katholischen Messe Verwandtes darin zu finden, wenn der Geistliche vor dem Altare stehend ihm das Gesicht zukehrt, hat den Altarhandlungen in der englischen Kirche eine von der deutschen Weise durchaus verschiedene Gestalt verliehen. Wenn auch nichts Nachahmungswerthes, so können wir doch Etwas daraus lernen. Wir haben schon früher auf ein Beispiel von der seltsam verschiedenen Entwicklung des Volksbewusstseins hingewiesen, die in Beziehung auf kirchliche Vorurtheile in Deutschland und in England sich beobachten lässt, wo man in Deutschland die liturgische Ausgestaltung des Gottesdienstes für etwas Katholisches hält, die in England für den Träger des Protestantismus gilt, und wo man in England die Ausprägung des Kirchenjahres nach Festen und Zeiten, und eine feierliche Begehung der Feste im bürgerlichen wie im kirchlichen Leben als einen katholischen Missbrauch auffasst, die in Deutschland allgemein als eine rein evangelische Sitte betrachtet und gehalten wird. Es giebt solcher Beispiele noch mehrere. Der Engländer denkt schon bei dem Worte Altar an Messunfug, vermeidet es mit der grössten Aengstlichkeit und ersetzt es durch den Namen Communiontisch; in der Furcht vor katholischem Götzendienste lässt er den Altar und den ganzen Chor (bis auf allgemein verwendete Glasmalereien) ohne jeden künstlerischen Schmuck, und Kerzen und Blumen, ein Kreuz oder ein Crucifix und selbst eine Bibel auf seinem Communiontische sind ihm ein Gräuel; und da er die Lehre von der Transubstantiation und die Anbetung der Elemente darin erblicken würde, wenn die Geistlichen, der Gemeinde den Rücken zukehrend, im Gebete dem Altare sich zuwendeten, so weist er ihnen an den beiden Seiten des Altares ihre Plätze an, und dort haben sie alle ihre Handlungen zu verrichten. Wir halten alles Das für gute und reine protestantische Gebräuche; dagegen finden wir das Zeichen IHS, das bei uns als ein specifisch katholisches, für die Katholiken fast amuletartige Kräfte tragendes Symbol gilt, nicht allein auf allen heiligen Gefässen der englischen Kirche, über und an dem Altare, an Kanzeln, Lesepulten und Orgeln, an Bibeln und Gebetbüchern angebracht, sondern auch im täglichen Leben als eine gewöhnliche Verzierung an Ringen und anderen Schmucksachen verwendet. In Deutschland hält man ferner das Niederknieen noch häufig für einen katholischen und unevangelischen Gebrauch, während man in England in Haus wie in Kirche ganz allgemein knieet, wenn man betet. Dagegen ist dort das Falten der Hände zum Gebete so völlig ausser Gebrauch, dass man vor einigen Jahren als das Schlimmste und Schrecklichste bezeichnete, was ein romanisirender Puseyit unter vielen schlimmen Dingen gethan hatte — Dinge, die das Volk in seiner Furcht, katholisch gemacht zu werden, so verblendete, dass es sich zu Aufruhr und Kirchenschändung hinreissen liess — er habe vor dem Altare stehend die Hände erhoben und zusammengelegt und gefaltet, er habe also genau Dasselbe gethan, was jeder evangelische Geistliche in Deutschland thut, so oft er vor dem Altare des Herrn steht, er habe sein Gebet mit derselben symbolischen Geberde begleitet, mit welcher das ganze deutsche Volk zum Herrn betet!

Ohne Zweifel können die Engländer aus diesen Vergleichungen eben sowohl lernen, wie wir; aber auch das lässt sich, Gott sei Dank, nicht leugnen, dass wir zum Festhalten an unseren Vorurtheilen tausendmal weniger, und zum Aufgeben derselben tausendmal mehr Grund haben, als die Engländer.

In der symbolischen Thätigkeit der Gemeinde müssen wir zuerst das Angemessene und fast durchaus Befriedigende der Anordnung hervorheben, nach welcher die verschiedenen symbolischen Geberden im Verlaufe der Feier vertheilt und den einzelnen gottesdienstlichen Stücken zugewiesen sind. Der allgemeine Grundsatz dieser Ordnung ist, dass die Gemeinde bei allen Gebeten knieet, bei allen Gesängen, die sie oder der Chor, oder beide Theile gemeinschaftlich und zwar selbstständig, d. h. ohne Betheiligung des Geistlichen ausführt, steht, und bei den Vorlesungen, der Predigt und den Ankündigungen sitzt. Für den ministrirenden Geistlichen erleidet diese Ordnung nur insofern eine Abänderung, als er überall steht, wo er im Namen des Herrn oder kraft seines Amtes zur Gemeinde redet. Zur weiteren Ausprägung einzelner Stücke wird diese Ordnung dahin erweitert, dass die Gemeinde bei den Theilen der Beichte und während der ganzen Abendmahlsfeier zu knieen, beim Beginne der Feier aber, beim Glaubensbekenntnisse und der Verlesung des Evangelium sich zu erheben hat.

Diese Anordnung ist im englischen Gottesdienste, in welchem überhaupt nur drei verschiedene Formen der symbolischen Darstellung von Seiten der Gemeinde zur Verwendung kommen, das Knieen, das Stehen und das Sitzen, durchaus angemessen, und es würde kaum irgend Etwas gegen dieselbe einzuwenden sein, wenn nicht in einigen Stücken mit dem Wechsel der Stimmung auch die symbolische Ausprägung derselben gar zu plötzlich und unvermittelt erschiene, und die ausschliessliche Verwendung des Knieens während der Abendmahlsfeier nicht als eine einseitige und desshalb ungenügende Ausprägung sowohl der vorbereitenden, wie der schlussbildenden Theile der Feier sich darstellte. Das Sitzenbleiben während der epistolischen und der fortlaufenden Lectionen kann nicht unbedingt getadelt werden, da es dem Aufstehen während der Verlesung des Evangelium zur Folie dient, welches bei der einmal vorliegenden Anordnung der englischen Liturgie das einzig verwendbare Mittel ist, dem Evangelium eine gebührend hervorragende Bedeutung beizulegen.

Diese Grundsätze sind eigentlich nur in sofern von den in Deutschland befolgten verschieden, als sie die Gemeinde bei ihrer eignen selbstständigen Thätigkeit sich erheben, bei der Verlesung des Schriftwortes aber sitzen lassen, während bei uns die umgekehrte Uebung überall gebräuchlich ist. Es ist schwer zu entscheiden, welche von beiden Weisen den Vorzug verdient; auf der einen Seite scheint das Erheben zum Anhören des göttlichen Wortes eine so zwingende Forderung des kirchlichen Anstandes und zugleich eine so naturgemässe Ausprägung der ausgezeichneten Stellung zu sein, die der Verlesung der Schrift im Gottesdienste zukommt, dass es unserem Gefühle widerstrebt, uns bei derselben nicht zu erheben; auf der anderen Seite aber erscheint es so nothwendig, dass die Gemeinde, wo sie einen wirklich selbstständigen Theil an der Ausführung des Gottesdienstes nimmt, und namentlich in ihren liturgischen Liedern und Gesängen sich auch äusserlich als handelnd darstelle, also keinesfalls in der gerade die Unthätigkeit ausdrückenden Stellung des Sitzens verharre, und zudem überträgt das auch äusserlich Thätigsein eine so segenvolle Lebendigkeit und Beweglichkeit auf die Ausführung der Gemeinde- und Chorgesänge, dass die englische Sitte des Aufstehens bei diesen Stücken sehr Vieles für sich hat. Eins aber ist nur möglich, die Gemeinde muss entweder bei den Schriftlectionen oder bei ihren Gesängen sitzen, sonst würde die symbolische Auszeichnung beider Theile verwischt und zugleich die symbolische Ausgestaltung der ganzen Feier zerstört werden, abgesehen davon, dass wir der Gemeinde nicht zumuthen dürfen, bis auf die Kanzelhandlungen in ununterbrochener körperlicher Thätigkeit zu bleiben. Es ist also nur die Frage, welchem Momente der Vorzug gegeben werden soll, der Hervorhebung des Schriftwortes oder der Angemessenheit und Erbaulichkeit der Gemeindehandlungen, und da können wir nicht leugnen, dass die Betrachtung, das Anhören des Schriftwortes sei eine wesentlich receptive Thätigkeit, und als solche (da ein Empfangen in knieender Stellung nicht gefordert ist) am passendsten im Sitzen auszuüben, und der Ehrfurcht vor dem heiligen Worte sei durch das Aufstehen bei der evangelischen Lesung Genüge gethan, uns günstiger für die englische, als für die deutsche Weise stimmt. Gleichwohl mag man in diesem Punkte (wie wir an einer anderen Stelle selbst gethan haben) getrost der Volkssitte sich anschliessen, und äussere Rücksichten den Ausschlag geben lassen, wo die inneren Gründe einander das Gleichgewicht halten.

Wenn wir oben sagten, dass in dieser Verschiedenheit der wesentlichste Unterschied zwischen der deutschen und der englischen Auffassungsweise liege, so haben wir dabei das Niederknieen der Gemeinde als eine so nothwendige und unerlässliche Form der symbolischen Darstellung betrachtet, dass wir theils ihre allgemeine Wiedereinführung in der deutschen Kirche als schon vollendet, theils aber die verschiedenen symbolischen Handlungen, die wir im Gebete anwenden, als einen Ersatz für das Niederknieen angenommen haben. Alles, was möglicher Weise gesagt werden kann, um das Vorurtheil oder die Abneigung unserer Gemeinden gegen das Knieen zu überwinden, um die Schriftmässigkeit und Kirchenüblichkeit, um die Angemessenheit und Wirksamkeit dieser schönsten aller symbolischen Geberden nachzuweisen, ist häufig, eindringlich und überzeugend genug gesagt, und es scheint nun an der Zeit zu sein, von den Worten zu der That überzugehen, und zu der wirklichen Einführung zu schreiten. Wenn wir also an die englische Sitte anknüpfend einige Bemerkungen über das Niederknieen der Gemeinde folgen lassen, so wollen wir dabei nicht eine verspätete und überflüssige Empfehlung desselben, sondern nur die Weise seiner Einführung in's Auge fassen.

Es unterliegt keinem Zweifel, dass wir unseren Gemeinden bei keinem Stücke der liturgischen Ausgestaltung irgend welchen Zwang auferlegen dürfen, sondern sie müssen zu dem Ganzen, wie zu jedem einzelnen Stücke erzogen werden. Vieles wird sich ohne Schwierigkeit und ohne Weiteres einführen lassen, weil die Gemeinde ohne Weiteres die Angemessenheit und Wirksamkeit desselben erkennt, wo aber irgend ein Bedenken oder gar ein Vorurtheil zu überwinden ist, da hat die Einführung ihre grossen Schwierigkeiten und kann durch einen einzigen Missgriff, namentlich aber durch Uebereilung für lange Zeit unmöglich gemacht werden. Gegen das Knieen nun ist das Vorurtheil des Volkes im Ganzen und Grossen am stärksten, und bei der Einführung desselben also die alleräusserste Vorsicht anzuwenden. Was Worte vermögen, mag immer wieder versucht werden, aber wir denken, es giebt auch ein Mittel, mit der Einführung dieses und mancher anderen Stücke ohne Weiteres vorzugehen, ein Mittel, das den ersten besten Tag zur Anwendung gebracht werden kann. Man mache der Gemeinde klar, dass sie in keiner Weise zum Knieen gezwungen werden soll, sondern wer knieen mag, der kniee, wer noch ein Bedenken dagegen hat, der bleibe sitzen und bete wie er gewohnt ist, gebeugten Hauptes und mit gefalteten Händen. Wenn dann nur die Möglichkeit vorhanden ist, ohne Unbequemlichkeit zu knieen, und wenn der Geistliche die Stücke, in denen das Knieen eingeführt werden soll, mit einer ausdrücklichen und klaren Aufforderung zum Niederknieen einleitet, und zwar mit einer Schriftstelle unter Hinweisung auf deren Verfasser (z. B. in der vielfach verwendeten Form: So spricht der Herr durch durch den Mund seines Propheten, Apostels etc., oder auch nur mit dem allgemein geläufigen Ps. 95, 6, obwohl der Schriftstellen so viele sind, dass man sehr häufig damit wechseln kann), so glauben wir, wird der Geistliche seine Aufforderung nicht lange zu wiederholen haben, bis ein grösserer oder geringerer Theil der Gemeinde ihr folgt, zumal da das Knieen bei uns nicht in allen Gebeten zu verlangen ist, sondern stets die höchste Stufe der symbolischen Auszeichnung zu bilden hat, und demgemäss nur solche Stücke begleitet, welche neben dem Worte des Geistlichen auch durch sich selbst die Gemeinde zum Niedersinken treiben. Das aber liegt auf der Hand, dass wenn nur einmal ein Anfang gemacht ist, vielleicht zunächst nur an besonders geeigneten Tagen, später bei den besonders dazu berechtigten Stücken zu knieen, das Vorurtheil sich leicht wird überwinden lassen, und immer Mehrere dem inneren Drange folgen werden, der zuerst noch von äusseren Verhältnissen, selbst von einer Art falscher Schaam unterdrückt wird. Dabei nun werden die vorher nur ihrer Bequemlichkeit wegen empfohlenen englischen Kniepolster als ganz besonders nützlich sich erweisen. Im Niederknieen auf diesen Polstern erhält nämlich der Körper eine Gestalt, die von der des sitzend und mit tiefgebeugtem Haupte Betenden fast durchaus nicht verschieden ist, so dass es in keiner Weise auffällt, wenn Einzelne in der englischen Kirche nicht knieen, sondern nur gebeugten Hauptes beten, und es eben so wenig auffallen wird, wenn in Deutschland Einige mit dem Knieen einen Anfang machen, während die Uebrigen noch die bisher übliche Weise des Betens beibehalten. Damit ist aber ein, wenn auch noch so äusserliches und scheinbar unbedeutendes, doch unserer Meinung nach gewichtiges und schweres Hinderniss beseitigt: die Scheu der Einzelnen nämlich, sich durch das Niederknieen vor der Gemeinde bemerklich zu machen. Wenn man allgemein wüsste, wie leicht und bequem es ist, auf diesen Polstern niederzuknieen und zu der sitzenden Stellung zurückzukehren, wozu allerdings, wenn man jetzt in unseren Kirchen knieen soll, eine Reihe von complicirten, anstrengenden und bei der Enge der Kirchenstühle oft unausführbaren Körperbewegungen erforderlich ist, so würde die Sitte gewiss schon lange eingeführt sein, denn am Ende ist das Vorurtheil gegen dieselbe doch zu sinnlos, als dass man glauben könnte, es sei überall im Ernste gemeint, und nicht häufig ein blosser Vorwand, um vermeintlicher Unbequemlichkeit und Blossstellung des Körpers zu entgehen. Wenn der Geistliche mit den frommen und vernünftigen Männern und Frauen seiner Gemeinde spricht, ihnen die

Sache vorlegt und zeigt, wie bequem, wie viel bequemer das Knieen ist, als z. B. das Stehen und ebenfalls langes Sitzen, ja, sie vielleicht selbst einen Versuch machen lässt, so zweifeln wir nicht, dass die Knieepolster, wenn auch zunächst nur unter dem Namen von Fussbänken, sehr bald Eingang in unseren Kirchen finden werden. Und wie leicht ein Ding zur allgemeinen Sitte wird, wenn nur der erste Anfang mit der Einführung gemacht ist, brauchen wir nicht nachzuweisen; wenn der Geistliche nur einiger Gemeindeglieder sicher ist, die ihn aus freier Ueberzeugung unterstützen, dann in der oben empfohlenen Weite vorgeht, aber dabei auch den Schein, ja, wir dürfen sagen, hauptsächlich den Schein eines Zwanges vermeidet, so müssten die Gemeinden in diesem einzigen Punkte durchaus anders organisirt sein, als das menschliche Geschlecht bisher und überall gewesen ist, wenn er nicht in kurzer Zeit sein Ziel erreichte.

Wir sind aber jetzt eben so wenig wie früher der Meinung, dass von dem Knieen in unserer Kirche ein so reichlicher Gebrauch gemacht werden dürfe, wie in England, wo nur diese einzige Form des Betens und der Demüthigung vor dem Herrn vorhanden ist, sondern, wie schon oben gesagt, wir müssen es als die höchste Auszeichnung einzelner Feiern und Acte auf symbolischem Gebiete betrachten, und als solche verhältnissmässig nur selten verwenden. An dem früher von uns angenommenen Maasse der Verwendung, welches im regelmässigen Gottesdienste das Knieen auf Bussgebet, Vater unser und Segen beschränkte, am Charfreitage und Busstage, bei Beichte und heiligem Abendmahle aber noch weiteren Stücken zuwies, müssen wir auch jetzt noch festhalten, obwohl wir aus dem Gebrauche der englischen Kirche die Ueberzeugung geschöpft haben, dass die Gemeinde, wenn nur das Knieen erst zur Einführung gekommen ist, bei der Feier des heiligen Abendmahles und namentlich bei den lange währenden Sacramentsfeiern diese Form dem jetzt üblichen, in vielen Fällen wirklich ermüdenden und selbst erschöpfenden Stehen bei weitem vorziehen wird. Es kann gerade in diesem Falle nichts dagegen eingewendet werden, wenn man nur das Knieen nicht zu weit treibt, und wie in England, die ganze Feier hindurch knieet. Bei Dank- und Preisgebeten zu knieen, ist nämlich, im Gemeindegottesdienste wenigstens, eine eben so grosse Ungeschicklichkeit, um nicht zu sagen Unschicklichkeit, als beim Busgebete zu stehen oder zu sitzen, und namentlich die Präfation und die Danksagung nach dem Abendmahle sträuben sich entschieden gegen diese Weise der Ausführung. Wenn also das geringste und unerlässliche Maass des Knieens in der Communion dahin festgestellt wird, dass man während der Weiheacte bis zum Ende des Segnungsgebetes knieet, so kann die Gemeinde, wenn sie es vorzieht, auch unter der Spendung in dieser Stellung verbleiben, während sie das Fürbittengebet selbst gebeugten Hauptes sitzend beten mag; bei der Präfation und der Danksagung aber muss sie sich unbedingt erheben, und hat erst zum Empfange des Segens wieder zu knieen.

Die deutsche Kirche hat vor der englischen den grossen Vorzug voraus, dass sie ausser der Form des Knieens noch zwei weitere, das Beten und das Bussgefühl symbolisch darstellende Geberden besitzt. Wir haben schon erwähnt, dass in der englischen Kirche das Falten der Hände zum Gebete völlig ausser Gebrauch ist; die Geistlichen und Chorknaben verhüllen im Knieen das Gesicht mit den weiten Aermeln ihrer Alba, und die Gemeindeglieder, so wie die mit der Alba nicht bekleideten Prediger bedecken das Gesicht nur mit den Händen, und geben damit dem oberen Theile des Körpers eine bequeme Stütze, machen aber das Falten der Hände oft unthunlich. Die beiden bei uns üblichen Formen des Betens mit gefalteten Händen sind nun in vielen Fällen sehr geeignet, uns für das allzureichliche Knieen in der englischen Kirche einen mehr als genügenden Ersatz zu bieten. Die erste, dem Knieen am nächsten stehende Form, die von den Gegnern dieses Symbols überall an dessen Stelle benutzt werden mag, ist die des Betens in sitzender Stellung, mit tief gebeugtem Haupte und gefalteten Händen. Sie wird für die Collecte und das Fürbittengebet vollständig genügen, und auch für die dem individuellen Bedürfnisse dienenden stillen Gebete sowohl vor und nach, wie unter dem Gottesdienste am angemessensten sein, obwohl hier natürlich jeder auch knieen mag, der sich dazu getrieben fühlt, und obwohl die Sitte der Männer, beim Hinzutreten zum Platze mit vorgehaltenem Hute stehend zu beten, nichts Unpassendes enthält. Die zweite Form ist das Beten mit gefalteten Händen in aufrechter Stellung; sie empfiehlt sich für das Gloria, das Dankgebet in dem Acte der Sündenreinigung, und für die Danksagung im Anbetungsacte, ausser den vorher schon erwähnten Stücken der Abendmahlsfeier.

Wenn wir, der deutschen Sitte gemäss, das einfache Stehen den Schriftlectionen vorbehalten, und die Gemeindegesänge also sitzend ausführen lassen, so ist damit doch nicht ausgeschlossen, dass auch noch andere Stücke stehend vollzogen werden, vielmehr verlangt eigentlich der kirchliche Anstand, dass die Gemeinde überall sich erhebe, wo der Geistliche im Namen des Herrn zu ihr spricht. Vorläufig freilich, fürchten wir, wird man von einer so strengen Forderung noch absehen müssen, um der Gemeinde nicht mit einem Male ein zu grosses Maass der körperlichen Darstellung zu übertragen. Das aber ist dringend wünschenswerth, dass die Gemeinde beim Eingange, beim Beginne der Feier im Namen des Herrn, und dass sie beim Glaubensbekenntnisse sich erhebe, wie Beides in der englischen Kirche Sitte ist. Namentlich bei dem Glaubensbekenntnisse ist zu beklagen, dass es nicht auch in seiner ursprünglichen Gestalt der Gemeinde zugewiesen werden kann, und das Abschliessen desselben mit einem dreifachen Amen scheint keine genügende Ausprägung der bei diesem Stücke so dringend geforderten Gemeindethätigkeit zu sein, so dass ein Anhören desselben in aufrechter Stellung als das Geringste erscheint, was zu seiner weiteren Ausprägung als einer Handlung der Gemeinde geschehen kann.

Sitzen mag die Gemeinde endlich bei ihren eignen und den selbstständigen Gesängen des Chores, bei den Kanzelhandlungen und bei allen den vermittelnden und verbindenden Stücken, die eine besondere symbolische Ausprägung im Vorigen nicht gefunden haben.

Uebersicht der symbolischen Ausgestaltung.

Um nun nachzuweisen, dass bei dieser obwohl mannigfachen und reich gegliederten symbolischen Thätigkeit der Gemeinde in keiner Weise ein Uebermaass des einen oder des anderen Symboles gefordert sei und dadurch angreife oder ermüde, und keinerlei zu häufiger oder schroffer Wechsel der Geberden eintrete, der den Verlauf der Feier unruhig machen und Verwirrung statt Klarheit hervorbringen könnte, geben wir zum Schlusse eine Uebersicht über die symbolische Ausgestaltung des Gottesdienstes, wie wir sie im Vorhergehenden empfohlen haben. Die Gemeinde hört nach einem stillen Gebete das Vorspiel der Orgel sitzend an, und erhebt sich beim Erscheinen des Geistlichen am Altare, dessen Eingangsgruss und Eingangsspruch sie stehend annimmt und beantwortet. Sie setzt sich zum Beginne des Eingangsliedes und bleibt sitzen, bis sie zum Bussgebete niederknieet; bei ihrem Busslicde und der folgenden Gnadenversicherung sitzt sie wieder und erhebt sich erst zum Dankgebete. Dann sitzt sie bis zum Beginne der Schriftlesungen, die sie stehend anhört, setzt sich zum Gesange des Graduale und erhebt sich wieder bei der zweiten Vorlesung, der sich das Glaubensbekenntniss anschliesst. Während sämmtlicher Kanzelhandlungen mag sie sitzen, so dass sie erst nach dem Offertorium zur Danksagung sich wieder erhebt. Darauf sitzt sie singend und betend, bis sie zum Vater unser niederknieet, und sitzt auch beim Schlusse, bis sie knieend den Segen empfängt. Beim Eingange der Abendmahlfeier mag sie sitzen, erhebt sich aber zur Präfation; betet das Fürbittengebet sitzend und knieet bei dem ganzen Weiheacte. Während der Spendung mag sie knieen, stehen oder selbst sitzen, wenigstens bei der wirklichen Gemeindecommunion, zur Danksagung erhebt sie sich aber, setzt sich dann zum Gesange des Schlussliedes, und empfängt knieend den Segen.

Schluss.

Damit ist der Kreis der Betrachtungen abgeschlossen, die wir der deutschen evangelischen Kirche und dem evangelischen deutschen Volke zunächst an's Herz zu legen wünschten. Wir haben uns dabei fast ausschliesslich auf den eigentlichen Gemeindegottesdienst beschränkt — obwohl auch die anderen Seiten des gottesdienstlichen und kirchlichen Lebens in England Vieles in sich enthalten, was für unsere deutschen Verhältnisse vom wohlthuendsten und förderndsten Einflusse sein könnte, wenn es nur gehörig hervorgehoben und bekannt wäre — theils weil die Betrachtung der liturgischen Zustände in England eine unmittelbare Bedeutung gerade für die gegenwärtige Entwicklung der deutschen Kirche hat und desshalb ein allgemeineres Interesse zu erregen geeignet ist, theils aber, weil die fraglichen Verhältnisse in Deutschland zu wenig und zu ungenügend bekannt sind, als dass ein empfehlendes Hervorheben der für uns praktisch zu verwerthenden Punkte jetzt sckon irgend nennenswerthen Nutzen bringen könnte — solche Darstellungen würden jetzt nur sehr wenig Verständniss und desshalb nur sehr getheiltes Interesse finden. Wer mit den Verhältnissen nur einigermaassen bekannt ist, wird wissen, wie nützlich eine genaue Kenntniss der gottesdienstlichen Uebung in der Gegenwart, und mehr noch eine eingehende Bekanntschaft mit der geschichtlichen Entwicklung der englischen Liturgie für uns sein würde; aber eine Geschichte der englischen Liturgie fehlt uns durchaus, über den Zustand der Gegenwart ist wenigstens keine genügende oder erschöpfende Darstellung vorhanden, und das Verfassungs- und Verwaltungssystem der englischen Kirche ist vielleicht noch weniger und noch unzureichender bekannt, als alles Uebrige.

Und doch wird die Kenntniss dieser Verhältnisse für unser eignes Leben sowohl, wie namentlich auch für das Verständniss der Vorgänge in England selbst täglich wichtiger und unentbehrlicher: die englische Kirche ist wie die deutsche in einem Abklärungsprocesse begriffen, der wie bei uns zunächst auf das gottesdienstliche Gebiet beschränkt ist, und zunächst eine eine Umgestaltung der Liturgie herbeiführen wird, aber bald auch die Verfassung und Verwaltung der Kirche ergreifen und eine neue Reformation, oder vielmehr den endlichen Abschluss der in England bis auf diesen Tag noch nicht vollendeten Reformation zur Folge haben muss.

Von dieser Bewegung in England erwarten wir viel Gutes auch für die deutsche Kirche; zum mindesten wird sie uns Veranlassung geben, den englischen Zuständen und Vorgängen mehr Aufmerksamkeit zu schenken wie früher, und uns dadurch in den Stand setzen, noch mehr von den Erfahrungen und Sitten der englischen Kirche zu lernen und für das eigne Leben zu verwerthen, wie bisher möglich gewesen ist.

Druck der Univers.-Buchdruckerei von E. A. Huth in Göttingen.